Wilhelm Röttiger

Der heutige Stand der Tristanforschung

Wilhelm Röttiger

Der heutige Stand der Tristanforschung

ISBN/EAN: 9783743339446

Hergestellt in Europa, USA, Kanada, Australien, Japan

Cover: Foto ©ninafisch / pixelio.de

Manufactured and distributed by brebook publishing software (www.brebook.com)

Wilhelm Röttiger

Der heutige Stand der Tristanforschung

Wilhelm-Gymnasium zu Hamburg.

Der heutige Stand der Tristanforschung.

Von

Dr. Wilhelm Röttiger.

Wissenschaftliche Beilage
zum
Jahresbericht des Wilhelm-Gymnasiums zu Hamburg.
Ostern 1897.

Hamburg 1897.
Gedruckt bei Lütcke & Wulff, Eines Hohen Senates, wie auch des Johanneums Buchdruckern.

1897. Progr. Nr. 760.

Der heutige Stand der Tristanforschung.

Von Dr. *Wilhelm Röttiger*.

Von allen Sagenstoffen des Mittelalters hat die Sage von Tristan und Isolde die weiteste Verbreitung und Bearbeitung bei fast allen Nationen des Abendlandes — bei Franzosen, Italienern, Spaniern, Deutschen, Engländern, Norwegern, Dänen, Tschechen, Serben und Russen — gefunden, um schließlich noch in unserer Zeit unserm grossen Tondichter Richard Wagner den Stoff zu einem seiner grossen Musikdramen zu liefern. Es ist daher natürlich, daß die Frage nach dem Ursprung dieser so weit verbreiteten Sage und nach dem Verhältnis der verschiedenen Bearbeitungen zu einander die verschiedensten Forscher — Romanisten und Germanisten, Philologen und Literarhistoriker — zu eingehenden Untersuchungen angeregt hat. Mehr als je hat aber die Tristanforschung während des letzten Jahrzehnts im Vordergrunde des Interesses gestanden, und die Abhandlungen, welche sich mit derselben beschäftigen, bilden bereits eine stattliche Literatur. Eine Übersicht über dieselbe zu geben ist jedoch um so weniger nötig, als einerseits eine solche sich bereits im „Jahresbericht über die Fortschritte der romanischen Philologie I" (p. 408 ff.) und in den Anmerkungen zur Tristanbearbeitung von Hertz[1]) findet, andrerseits die meisten dieser Abhandlungen im Laufe meiner Arbeit zu berücksichtigen sein werden. In der letzteren werde ich mich im Anschluss an die bisherigen Ergebnisse der Tristanforschung hauptsächlich mit den beiden bereits oben angedeuteten Fragen nach dem Ursprung und der Entwickelung der Sage und nach dem Verhältnis der verschiedenen Bearbeitungen zu einander zu beschäftigen haben. Daß dabei manches Bekannte wird wiederholt werden müssen und daß es sich häufig nur um eine Wiedergabe der schon gewonnenen Resultate handeln wird, glaube ich durch den Titel meiner Arbeit „Der heutige Stand der Tristanforschung" angedeutet und gerechtfertigt zu haben.

Die Frage nach dem Ursprung der Tristansage hat naturgemäß zu Forschungen über die Herkunft der in derselben enthaltenen Namen geführt, mit deren Ergebnissen auch diese Abhandlung zu beginnen hat.

Daß der Name des Helden der Sage, Tristan[2]), ein keltischer ist und zwar entstanden aus dem piktischen Namen Drostan, der Koseform des als Name einer Anzahl von piktischen Königen nachgewiesenen Drest oder Drost, kann wohl nicht mehr bezweifelt werden nach den Auseinandersetzungen von Zimmer[3]), welche in diesem Punkte auch die uneingeschränkte Zustimmung von F. Lot[4]) gefunden haben. Auch über die Herkunft des Namens Isolt kann insofern kein Zweifel mehr herrschen, als wir es in demselben jedenfalls mit einem germanischen Namen zu thun haben, mag ihm nun der Name Ishilt[5]) zu Grunde

---

[1]) Tristan und Isolde von Gottfried von Straßburg. Neu bearbeitet von Wilhelm Hertz. Stuttgart 1894.
[2]) Über die verschiedenen Formen dieses Namens sowie des Namens Isolt vgl. Hertz (a. a. O., p. 477 ff. und p. 483 ff.). [3]) Zeitschrift für frz. Spr. u. Lit. XIII, p. 58 ff. [4]) Romania XXV, p. 14. [5]) Romania XVIII, p. 823.

liegen oder das kymrische Essylt[1]), für welches Zimmer[2]) das angelsächsische Ethylda als Grundform nachgewiesen hat. Hertz[2]) bemerkt hierzu: „Es entspricht ganz dem geschichtlichen Sachverhalt, wenn die Tochter des Wikingerkönigs von Dublin wie ihr Vater und ihr Oheim einen germanischen Namen führt". Daß damit, wie Golther[4]) bemerkt, eine Stütze für die Behauptung geliefert werde, die Sage sei nicht keltischen Ursprungs, ist nicht recht ersichtlich. Über den Namen von Tristans Oheim, Marc, bemerken Golther wie Hertz mit Recht, daß derselbe nicht mit Notwendigkeit auf keltischen Ursprung hindeute, da er sich auch im Deutschen häufig findet; doch weisen alle bisherigen Tristanforscher übereinstimmend auf einen Marcus rex hin, der als König von Cornwall in der „Vita S. Pauli Aureliani" erwähnt wird [3]). Ohne Zweifel hat Zimmer (a. a. O., p. 80) auf den bretonischen Ursprung dieses Zeugnisses — der Verfasser der Vita S. Pauli Aureliani ist ein Mönch des Klosters Landevennec in der Bretagne — zu viel Gewicht gelegt, und, wenngleich die geschickte Verknüpfung des Tristan von Léon mit der Tradition des heiligen Paul von Léon etwas sehr Ansprechendes hat, so glaube ich mich doch mit Lot nur an die Thatsache der Existenz eines Königs Marc von Cornwall halten zu müssen, ohne aus dem Ursprung des Zeugnisses für diese Existenz so weitgehende Schlüsse zu ziehen. Andrerseits halte ich die Bemerkung Lot's (a. a. O., p. 20): „sous l'empire d'une idée fixe M. Zimmer ne parait même pas comprendre les textes qu'il reproduit" für um so mehr unberechtigt, als eine geschickte Kombination, selbst wenn sie sich als falsch nachweisen ließe — was in diesem Falle kaum möglich sein dürfte — stets den Gewinn bringt zu neuem Denken und Forschen anzuregen.

Ein streitiger Punkt ist und bleibt die Heimat Tristans. Bei Berol ist es die Landschaft Loenois (Eilhart: Loh(e)nois) und in der Prosa meist Leonois, neben welcher Form sich die Form Loenois erhalten hat. Schon dieses Festhalten an der Form Loenois mußte es zweifelhaft erscheinen lassen, ob man diese Gegend ohne weiteres mit Léonnois d. h. der Gegend von Léon in der Bretagne identifizieren darf: und in der That hat Lot (a. a. O., p. 16 ff.) den Nachweis geliefert, daß wir in Loenois einen Teil Schottlands „la tierre de Loonnois (Loonia)" zu erkennen haben. Schwierig ist nur die Entscheidung der Frage, wie sich die verschiedenen Tristanversionen zu der geographischen Lage dieses Landes stellen. Für Berol muß diese Frage unentschieden bleiben (Lot, a. a. O. p. 27). Es spricht aber nichts dagegen, daß für ihn Loenois in Großbrittannien lag; denn das Citat aus Berol: „Par Saint Thomas de Caharee" (z. b. in Carahes = Carhaix), wozu Lot bemerkt: „il est vrai que Béroul connait en Petite-Bretagne une ville bien voisine du pays de Léon", fällt nicht ins Gewicht, da es der zweiten Hälfte des sogenannten Berolfragmentes, also, wie wir später sehen werden, wohl nicht Berol selbst angehört. Man könnte für die Behauptung, das Loenois des Berol liege in der Armorika, eine andere Stelle anführen:

„Ainz m'en irai aincois un mois
En Bretaigne ou en Loenois"[6])

Aber wie Lot (p. 27) sehr richtig bemerkt, ist angesichts der Thatsache, daß bei Eilhart Britanja das Reich Arturs bezeichnet, hiermit für die Lage von Loenois nichts bewiesen.

[1]) Romania XIX, pp. 457—458. [2]) a. a. O., pp. 73—75. [3]) a. a. O., p. 485. [4]) W. Golther: Die Sage von Tristan und Isolde. Studie über ihre Entstehung und Entwickelung im Mittelalter. München 1887, p. 8 Anm. [5]) Vgl. Golther, p. 6 ff.; Hertz, p. 490; Zimmer, a. a. O., p. 70 ff.; Lot, Romania XXV, p. 19. [6]) Denn so dürfte wohl, wie auch Michel bereits vorschlägt, das Orlenois des Textes zu bessern sein (F. Michel, Tristan, recueil de ce qui reste des poëmes relatifs à ses aventures. Londres 1885—39. II, p. 255).

Dem möchte ich hinzufügen, daß Eilhart zuerst gerade da von Britanja als dem Reiche Arturs spricht, wo die Übereinstimmung mit der Berolversion noch eine vollständige ist, nämlich an der Stelle, wo Marke Tristan, um ihn zu überlisten, mit einem Briefe an Artus sendet:

B. v. 647 ff.:
Au roi Artus jusqu'a Carduel
Vos covendra a chevauchier
Cel brief li faites desploier.

E. v. 3875 ff.:
dorch daz bereite dich dar zû
und rite hen morgen vrû
zu Artûse deme herren:
Britanja ist nicht verre.

An anderer Stelle erzählt Eilhart (v. 5020) von der Ankunft Tristans in Britanja, wohin er von dem koninge von Gonoje (dem Gavoie = Galloway des Berol) gelangt, und zwar in dem Teile seines Gedichtes, für den ein Vergleich mit Berol nicht möglich ist. Da aber auch bei Berol Tristan die Absicht ausspricht, sich nach der Bretaigne zu begeben (s. o.), so dürfte die Annahme nicht unbegründet sein, daß diese Bretaigne mit der Britanja des Eilhart identisch ist, also in England liegt.

Für den Prosaroman bemerkt Lot (p. 25): „Dans le roman en prose, Tristan et son père règnent sur le pays de Léon en Basse-Bretagne". Man vergleiche hierzu die folgende Stelle des Romans, die ich nach Löseth[1]) citiere: „Chelinde a, du roi Thanor, un fils Cicorades. Pelyas, roi de Leonoys (Varianten Loonoys, Loenois) pays voisin de Cornouaille, aime Chelinde. Thanor trouve un jour dans un bois Pelyas, qui s'est égaré à la chasse, entraîné par un cerf. Comme il a perdu son cheval, il le fait monter sur le sien et le mène à un de ses châteaux, où est la reine". Cornouaille und Loenois sind also — wie Markes und Arturs Reiche — durch einen Wald geschieden, wie auch die Stelle zeigt, wo von dem Feste der Venus die Rede ist: „Son temple est situé à la frontière des deux royaumes dans un petit bocage, dit le bois d'Hercule etc." Nun ist allerdings für den Prosaroman selbst offenbar Cornouaille hier das armorikanische Cornwall; dasselbe Cornouaille ist aber auch das Reich Markes (Löseth 19), welches auch im Prosaroman in England liegt. Diese geographische Verwirrung ist augenscheinlich die Folge der Verwechselung des schottischen Loenois (= Lothian) mit dem Léonnois der Bretagne, das dem armorikanischen Cornouaille benachbart oder vielmehr geradezu in demselben liegt. Als Residenzstadt des Reiches Loenois wird im Roman Albine genannt. Indem ich auf die von Loth[2]) aus den „Chronicles of the Picts and Scots" citierte Einteilung Schottlands in vier Teile (Loonia, Galweya, Moravia, Albania) Bezug nehme, glaube ich in Albine das im Nordwesten gelegene Albania wiederzufinden. Daß ein Schriftsteller jener Zeit aus einem Lande eine Stadt macht, ist nichts Ungewöhnliches. In der Saga ist aus Ermenie (dem Parmenie Gottfrieds von Straßburg) eine Hafenstadt der südlichen Bretagne geworden[3]); im Durmart de Gallois ist die Landschaft Morois ebenfalls als Stadt gefaßt, und — wie Hertz[4]) anführt — hat Gottfried von Straßburg sogar aus der Thamise eine Stadt gemacht, während Rudolf von Ems die Themse umgekehrt Lundene nennt. In mehreren Handschriften des Romans, ebenso wie im „Roman de Palamède" nennt sich Tristan einen „chevalier de Léonois près d'Albine"[5]). Hier ist also Albine eine Leonois benachbarte Landschaft[6]). Übrigens hat schon Lot auf die Stelle

---

[1]) Bibliothèque de l'École des Hautes Études 82: Le Roman en Prose de Tristan etc. par E. Löseth, Paris 1891. [2]) Rev. celt. XVI 84—88. [3]) E. Kölbing, Tristrams Saga ok Isondar, Heilbronn 1878, p. 27, Z. 23. [4]) a. a. O., p. 585. [5]) Löseth, pp. 21, 467. [6]) Im Roman ist auch von Archana, einer Stadt in Albine, die Rede. Löseth bemerkt dazu (a. a. O., 17): Albine (confusion avec le nom de la ville); nach unserer Auffassung wäre gerade die Landschaft Albine das Ursprüngliche.

im Sir Tristrem hingewiesen, wonach Tristan, nachdem er den Herzog Morgan, der seinen Vater getötet, besiegt hat, wieder erhält:
„Almain and Ermonie".
„Almain", fügt Lot (a. a. O., p. 17) hinzu, „est évidemment une faute pour Albain". Betreffs der beiden übrigen der oben genannten Teile Schottlands, Moravia und Galweya, die sich als Morois und Galvoie im Tristan wiederfinden, verweisen wir auf die Ausführungen Lot's (a. a. O., pp. 17, 18).

Schwieriger ist die Frage nach der Heimat Tristans im Gedichte des Thomas. Hertz kommt (p. 487), indem er den Namen Parmenie bei Gottfried als eine falsche Lesart der Vorlage zurückweist, auf Grund der Formen der Saga Ermenia und des Sir Tristrem Ermonie zu dem Schlusse, daß der Name bei Thomas wohl Ermenie gelautet habe, und weist darauf hin, daß dieser Name wohl verderbt sein könne aus Armorica, welche Form (Armenia = Armorica) er aus der „Anglo-Saxon Chronicle" belegt. Was nun zunächst die Form Ermenie anbetrifft, so findet dieselbe eine Stütze im „Rusticien de Pise". Im Roman¹) begiebt sich Tristan eines Tages mit Isolde Weißhand und Kahedin in ein Schiff, das er sich für seine Reise nach Cornwall gerüstet; sie wollen eine Spazierfahrt auf dem Meere machen, schlafen unterwegs ein, das Schiff treibt ab und zerschellt an einem Felsen. Sie erklimmen den Felsen und erblicken am Fuße desselben eine weite Ebene, von Bergen umgeben und von einem Schlosse beherrscht, das sich zwischen zwei Städten erhebt. Das ist das Land Servage am äußersten Ende von Nordwales, in dem der Herrscher der dort wohnenden Riesen, Nabon der Schwarze, alle Fremden, die dorthin kommen, zurückhält. Tristan trifft dort Segurades, dem er verspricht das Land zu befreien. Am nächsten Tage soll der Sohn Nabons zum Ritter geschlagen werden, und es findet ein Fest in der Ebene vor dem Schlosse statt an einem Flusse Marse (Marce, Marze)²). Tristan kämpft mit dem Riesen, der nicht das Schwert, sondern den Kampfstock als Waffe wählt, erschlägt ihn und befreit das Land, das nun den Namen Franchise Tristan erhält. Tristan kehrt dann am dritten Tage danach mit Isolde und seinem Schwager nach der Bretagne zurück. An dieser Stelle bietet nun die Compilation des Rusticien de Pise eine abweichende Erzählung³). Nachdem Tristan Nabon getötet, sucht er Isolde und Kahedin wieder auf und schifft sich nach Verlauf von sechs Tagen mit ihnen ein; geführt von zwei Schiffern, welche man hatte kommen lassen und welche sieben Jahre im Dienste des Königs von Grant Hermenie gewesen waren, langen die Reisenden am nächsten Tage in der Bretagne an. Wo liegt nun Grant Hermenie? Doch wahrscheinlich an der Westküste von England nahe bei Nordwales, da man wohl Schiffer kommen ließ, die diese Küste, an der Tristan Schiffbruch gelitten, genau kannten. Und sollte es rein zufällig sein, daß man Leute, die dem Könige von Grant Hermenie sieben Jahre gedient, für den Sohn eben dieses Königs (nach der Thomasversion) kommen läßt? — In der Handschrift 358⁴), welche uns eine von der des „Palamède" verschiedene Version der Abenteuer Guirons und der Bruns überliefert, wird von einem Kriege erzählt, den Armant⁵), der König des Reiches Oultre les marches mit dem Könige von Schottland führt. Der König von Schottland, dessen Land verwüstet wird, erhält zwar die Hilfe des Königs Artus, wird aber doch von Armant mit Hilfe Guirons geschlagen. Dieselbe Rolle, wie dieser nur hier erwähnte König Armant, spielt merkwürdiger Weise im „Roman de

---

¹) Löseth, p. 48. ²) Es würde mit der ganzen Lokalität stimmen, wenn wir in diesem Marse den Mersey zu suchen hätten. ³) Löseth, p. 469. ⁴) Löseth, p. 486 ff. ⁵) An anderen Stellen findet sich für diesen Namen auch Armen, Erman, Herman.

Palamède" Meliadus, der Vater Tristans, der mit dem König von Schottland, dessen Gattin er entführt, in einen Krieg verwickelt in der entscheidenden Schlacht nur durch die Hilfe Guirons gerettet wird. Liegt da nicht die Vermutung nahe, daß hier in der Version der Handschrift 358 aus dem roi d'Armenie oultre les marches (d. h. Meliadus) ein roi Armant du royaume oultre les marches geworden ist?[1]) Mit dieser Lage von Ermenie stimmt auch die Angabe Gottfrieds (v. 3095), wonach es jensit Britanje[2]) (oultre les marches) liegt. Der Lehnsherr von Tristans Vater ist li duc Morgan, von dessen Hand er ein sunderz lant hatte (Gottfried v. 330). Nachdem Tristan seinen Vater an dem duc Morgan gerächt, erhält er (wie schon oben erwähnt, nach Sir Tristrem) zurück Almain and Ermonie. Ermonie (= Parmenie) ist seines Vaters Stammland. Gottfried v. 306:

> Nun tuot uns aber Thomas gewis,
> der ez an âventiuren las,
> daz er von Parmenîe was.

Ist dann Almain oder vielmehr Albain wohl das sunder lant, das Tristans Vater von dem Herzog Morgan zu Lehen erhalten hat?[3]) — Aus der Confusion, welche durch die Verlegung von Parmenie nach dem Kontinent und durch die wahrscheinlich in den älteren Versionen noch nicht erstorbene Erinnerung an die ursprüngliche, insulare Lage des Stammlandes Tristans entstanden, erklärt es sich vielleicht auch, wenn Tristan von seinem Stammlande aus dem Herzog von Arundel zu Hilfe kommt, und die „Söhne Ruals, die er später zu Hilfe ruft, mit ihren Reisigen offenbar zu Lande von Parmenien herkommen" (Hertz, p. 544). Allerdings dürfen wir auf diesen Zug nicht viel Gewicht legen, da Gottfried der einzige unter den Vertretern der Thomasversion ist, der an dieser Stelle Arundel als Land des Herzogs Jovelin nennt.

Zimmer (a. a. O., p. 101) meint im Gegensatz zu Hertz: „Wenn man Gottfried von Straßburg mit seinem anlautendem P die reinere Wiedergabe der Quelle zutraut, wozu wir auf Grund der andern Namen alle Veranlassung haben, dann kann meines Erachtens in dem Permenie des Thomas nur eine unverstandene und entstellte Erinnerung an Bernicia stecken". Angesichts der Konfusion jedoch, die in den geographischen Angaben Gottfrieds herrscht, kann man das nicht ohne weiteres unterschreiben, zumal doch die auffallende Übereinstimmung der Saga und des Sir Tristrem sehr gegen diese Annahme spricht. Mag dem aber sein, wie ihm wolle; mögen wir in dem Ermenie oder Permenie die verderbte Form eines bekannten Namens vor uns haben oder einen Namen, für den sich historische Belege nicht finden, das Auffallende ist, daß wir auf Grund obiger Ausführungen das Heimatland Tristans fast an derselben Stelle finden wie Zimmer, dessen Erklärung für den Beinamen von Tristans Vater Kanelengres = Engländer aus Canoel = Carlisle auch bei unserer Auffassung bestehen bleibt: denn Ermenie wäre, wie wir gesehen, etwa die Umgegend von Carlisle. Auf Grund der Hypothese Parmenie = Bernicia hat nun Zimmer (a. a. O., p. 101) eine vorbretonische Version der Tristansage konstruiert, die mit großem Scharfsinn und einem reichen historischen Wissen ausgeführt viel

---

[1]) Wie die Abschreiber mit den Namen umgingen, dafür bietet fast jede Handschrift lehrreiche Beispiele; ich möchte an dieser Stelle nur verweisen auf Löseth, p. 348, wo es im Prosaroman heißt: „En cele voie se combati mons. T. por la dame de Noant en Humbellande (ms. 104 la dame de Norhombellande, ms. 336 la dame de Nahares)". [2]) Vgl. dazu Hertz, p. 505, Anm. 35, wonach Gottfried Britanje auch in dem Sinne von Britannia major gebraucht. [3]) Auf einen Marganus, Sohn des Maglaunus, dux Albaniae, weist auch Lot hin (a. a. O., p. 26).

Bestechendes hat. Danach war der Vater Tristans ein Angle aus Bernicia und hatte vom Brittenkönig (Morgan) von Alcluith die Stadt Kanoel = Carlisle als Lehen; er war ein Angle unter britischer Oberhoheit, hieß daher Kanelengres „Angle (Engländer) aus Carlisle". Er heiratet die Schwester des Herrschers von Südpiktenland, an dessen Hof er gezogen, wird durch den Vertragsbruch des Brittenherrschers heimgerufen und fällt im Kampfe gegen denselben. Seine Frau giebt sterbend einem Knaben das Leben, der den piktischen Königsnamen Drestan erhält und nach dem bei den Pikten bestehenden Mutterrechte der rechtmäßige Erbe seines Oheims ist. Diese „vorbretonische Version" klingt um so wahrscheinlicher, als sie von Zimmer mit historischen Beispielen belegt wird (a. a. O., p. 101 Anm.), aber sie wird zweifelhaft, sobald wir damit die Thatsache vergleichen, daß die älteste Tristanversion, nämlich die des Berol, Loenois als Tristans Heimat angiebt, und sobald wir mit Lot in Loenois eine Landschaft Schottlands sehen, eine Annahme, gegen welche, wie oben ausgeführt, bei Berol selbst nichts spricht, welche sogar durch den Vergleich mit Eilhart manches für sich hat. Danach ist Tristans Vater ein Kelte und Herr von Loenois (près d'Albine = Albania [1]); er kommt als solcher dem Herrscher von Albanien, Morgan, zu Hilfe gegen die irischen Vikinger, welche in der zweiten Hälfte des 9. Jahrhunderts das ganze Piktenland verheerten [2]). Er gewinnt die Schwester des Königs zum Weibe und kehrt nach Beendigung des Krieges mit ihr zu Schiffe nach Loenois zurück. Unterwegs giebt sie sterbend einem Knaben das Leben, der den Namen Tristan erhält. Nach dem Mutterrechte ist dieser der berechtigte Erbe von Albania (Albain), woran die Erinnerung sich erhalten hat im Sir Tristrem, indem Tristan nach Morgans Tode Almain (= Albain) und Ermenie zufällt. Der junge Tristan zieht später aus, um fremde Lande zu schauen, kommt an seines Oheims Hof, wo er zunächst unerkannt bleibt. Es folgt der Kampf gegen den Tribut heischenden Morold, die Fahrten nach Irland u. s. w.

In dieser Form kam die Sage zu den südlichen Kelten in Wales und zu den Angelsachsen. Allerdings hat Zimmer [3]) darauf hingewiesen, daß der unauslöschliche Haß, der die Welschen im „10. und 11. Jahrhundert gegen die Angelsachsen erfüllte, wie im 6.—9. Jahrhundert", diese unmittelbare Übermittlung keltischer Sagen an die Angelsachsen als eine ganz unwahrscheinliche Erfindung erscheinen lasse. Nun heißt es aber z. B. in Aelfrics Life of King Oswold: „Oswoldes cynerice (Norðhymbra) wearð gerýmed þá swýðe, swá þæt feower þéoda hine underféngon tó hláforde, Peohtas, and Bryttas, Scottas, and Angle." [4]) Sollte es nun rein zufällig sein, daß gerade diese Gegend (Ermenie oder Parmenie [5]) in der englischen Version der Tristansage, welche durch Thomas repräsentiert wird, zur Heimat von Tristans

---

[1]) Nach dem Prosaroman vgl. p. 3. [2]) Zimmer a. a. O., p. 96. Die Erinnerung an diese Kämpfe lebt noch in Eilharts Gedicht (Berolversion):
    ein koning hie bevorn saz
    zu Kornevâlis der hiz Marke,
    der orlôgete starke wider einen koning hêre,
    man saget, daz er wêre
    gewaldig zu Îberne.
Über die Übertragung dieser Kämpfe auf Marke s. u. p. 7. [3]) Göttinger gelehrte Anzeigen 1890 p. 791.
[4]) Also vier Völkerschaften: Pikten, Britten, Schotten und Angeln sind hier unter dem Scepter eines northumbrischen Königs vereint; und Ähnliches gilt auch von anderen Gegenden Britanniens, wo Kelten zwischen Angelsachsen saßen (vgl. Loth, Jahresbericht 1890 p. 272). [5]) Auch Bernicia, dem Zimmer das Parmenie gleichsetzen will, gehörte bekanntlich zu dem northumbrischen Reiche.

Vater geworden ist? Für die Angelsachsen wurde der Vater Tristans nun ebenfalls ein Angle, dessen Kastell das vielumstrittene Canoel (Carlisle) wurde, daher der Beiname Kanelengres. Die in der ursprünglichen Fassung enthaltene Beziehung des Vaters Tristans zu dem Herrscher von Albanien, dem Brittenherzog Morgan, erhielt sich in der Form der Lehensabhängigkeit von jenem Fürsten. Es wird aber mit der Änderung der Nationalität des Vaters Tristans aus dem freundschaftlichen Verhältnis eine anscheinend durch vorhergehende Kämpfe erzwungene Lehensherrschaft. So erklärt es sich, daß Tristans Vater scheinbar grundlos über seinen eignen Lehensherrn herfällt und ihn zum Frieden zwingt. In diesem Kampfe und in dem späteren Rachezuge Morgans, dem Tristans Vater zum Opfer fällt, spiegeln sich die heftigen Kämpfe, deren Schauplatz die Grenze Schottlands und Englands war. Auch der Prosaroman hat aus einer Quelle geschöpft, die die Erinnerung an diese Kämpfe bewahrt hatte in dem Kriege, den Tristans Vater, Meliadus, mit dem Könige von Schottland führt.

Bei den südwestlichen Britten, welche zu gleicher Zeit die Tristansage aus dem Norden überkamen, bleibt Tristans Vater natürlich ein Kelte, der Herrscher von Loenois; der Schauplatz der Kämpfe mit den Iren wird Wales und Cornwall, denn auch hierher erstreckten sich die Plünderungszüge der in Dublin herrschenden Vikinger im 9. und 10. Jahrhundert. Der Träger dieser Kämpfe wird der mächtige König Marke von Cornwall, der unter seinem Scepter Völker von vier verschiedenen Sprachen vereinte.[1]) War dieser legendenhaft gewordene König dem bretonischen Mönche des 9. Jahrhunderts bekannt, um wie viel mehr den Bewohnern von Wales, die an dieser Stelle wiederum mit Angelsachsen vermischt zusammensaßen[2]). Die unter den Angelsachsen sich weiter entwickelnde Sage nahm diese Verlegung des Schauplatzes der Vikingerkämpfe auf, ohne deshalb die Erinnerung an die Kämpfe mit den Schotten im Norden fallen zu lassen. Der Vikingerfürst in Dublin aber — und das fällt meines Erachtens auch ins Gewicht für die Annahme einer angelsächsischen Version der Tristansage — wurde Gurmun. Dieser streitbare Fürst, der Gormo Anglicus der Geschichte, war durch die Kämpfe mit König Aelfred, der ihn 878 besiegte, den Angelsachsen wohlbekannt und für sie besonders der Vertreter der Vikingermacht, hat doch auch die von Galfried von Monmouth überlieferte großbritannische Sage aus ihm einen Eroberer Irlands gemacht[3]). Die — durch Eilhart repräsentirte — Berolversion kennt nur einen König von Irland. Vielleicht hat uns aber der Prosaroman den Namen dieses Königs bewahrt. Man hat in diesem Namen — Hanguin — eine verderbte Form von Hengist zu finden geglaubt, und diese Vermutung erscheint um so wahrscheinlicher, als dieser Germanenfürst zwar nicht den Angelsachsen, wohl aber den Britten als mächtiger Vikingerherrscher erscheinen mochte, dessen Residenz nunmehr in Erinnerung an die verheerenden Einfälle der irischen Vikinger nach Dublin verlegt wird[4]). Erwähnt mag hier noch werden, daß die Historia Britonum des Nennius von der

---

[1]) Vgl. Vita S. Pauli Aureliani: „Qui eo tempore amplissime producto sub limite regendo moenia sceptri, vir magnus imperiali potentia atque potentissimus habebatur, ita ut quattuor linguae diversarum gentium uno eius subiacerent imperio". [2]) Vgl. die hier erwähnte Viersprachigkeit mit derselben oben für Northumbria erwähnten Thatsache, wo wir den Ausgangspunkt für den Übergang der Tristansage zu den Angelsachsen fanden. [3]) Vgl. Hertz, p. 512. [4]) Dann hätten wir hier allerdings insofern eine merkwürdige Verschiebung der Thatsachen, als der von dem König Guorthigirn im Anfange des 5. Jahrhunderts zum Schutze gegen die verheerenden Einfälle der Iren aufgenommene Führer germanischer Seeräuber, Hengist, nun zum Herrscher der Iren geworden ist, wenn man nicht annehmen will, dass eben diese Kämpfe gegen die Iren zu dem Glauben Veranlassung gegeben haben, daß Hengists Germanen auch Irland erobert hätten.

schönen Tochter des Hengist zu erzählen weiß, um welche der Brittenkönig Guorthigirn wirbt. Wie Marke ist Guorthigirn ein mächtiger Herrscher, dem die übrigen Brittenkönige gehorchen. Seine Burg liegt in Wales am Teify.

Sind nun die von Zimmer gegen eine angelsächsische Zwischenstufe der Tristansage vorgebrachten Gründe nicht stichhaltig, so darf das auch von anderer Seite (vgl. Hertz, p. 476 und die daselbst gegebene Literatur) bereits erwähnte Gedicht von Waldef als Argument für die Vermittlung der Angelsachsen in Anspruch genommen werden, in dessen Eingang der Übersetzer des ursprünglich englischen Gedichtes, ein Anglonormanne, sagt:

> Ceste estoire est molt amée
> e des Engles molt recordée,
> des princes, des ducs et des reis
> mult iert amée des Engleis,
> des petites genz et des granz
> jusqu' à la prise des Normanz.
> puis i ad asez translatées,
> qui molt sunt de plusurs amées,
> com est Benoit, com est Tristram
> qui tant suffri poine et hahan [1]).

Neben dem Brut wird also auch der Tristan als ursprünglich englisches Gedicht genannt. Auf dasselbe Gedicht hat auch, wie ich nachträglich sehe, G. Paris wieder in seinem Tristan et Iseut (Paris 1894) hingewiesen, nachdem er schon früher in einer Besprechung von Warnke, die Lais der Marie de France auf die englische Vermittlung hingewiesen hatte [2]). In demselben Sinne haben sich geäußert L. Sudre in seiner Abhandlung Les Allusions à la légende de Tristran dans la Littérature du Moyen Age [3]) und Söderhjelm [4]), welcher zuerst wieder auf die von F. Michel bereits erwähnte Vorrede des roman de Waldef hinwies. Als weitere Stütze für die Annahme angelsächsischer Vermittlung ist auch die von Berol gebrauchte Bezeichnung lovendris und lovendrant angeführt worden [5]). Endlich möchte ich noch auf einen bereits von Hertz erwähnten Umstand hinweisen. An Markes Hofe erregt die umfassende Kenntnis, die Tristan in fremden Sprachen besitzt, allgemeine Bewunderung:

Gottfried v. 3687: Marke der frâgte in aber dô mê:
„Tristan, ich horte dich doch ê
britûnisch singen und gâlois,
guot latîne und franzois:
kanst dû die sprache?"

und weiter wird erzählt, daß Tristan mit Norwegern, Irländern, Deutschen, Schotten und Dänen in ihrer Sprache verkehrt. Hertz bemerkt dazu [6]): „Welche Sprache an König Markes Hof geherrscht hat, wird nicht gesagt. Gottfried läßt zwar seinem französischen Originale zufolge Markes Jäger französisch reden; aber wie stimmt dazu des Königs ausdrückliche Frage, ob

---

[1]) Sachs, Beiträge zur Kunde altfranzösischer, englischer und provenzalischer Literatur. Berlin 1857, p. 47. [2]) Romania XIV, p. 604 ff. [3]) Romania XV, p. 555. [4]) Les Auteurs de Tristran et de Horn ebd., n. 576. [5]) Vgl. Muret, Romania XVI, p. 341; Novati, a. a. O., p. 398 Anm. 1. [6]) A. a. O., p. 510.

Tristan denn auch diese Sprache könne. Ohne Zweifel hatte hier schon Thomas das Französische unter den fremden Sprachen aufgezählt. Was dachte sich aber dieser als die Hofsprache von Tintajol? Offenbar das Englische, das auffallenderweise unter den Sprachen, deren Kenntnis die Leute Markes an dem jungen Tristan bestaunen, nicht genannt wird. Soll dieser Abschnitt auf eine englische Bearbeitung zurückgehen, welche die Kenntnis des Französischen hervorhob, aber die des Englischen als selbstverständlich wegließ?" Daß der Dichter Thomas wahrscheinlich ein Engländer war, davon wird später die Rede sein.

Die wälsche Sage nennt in den Triaden als Vater Tristans den Häuptling Tallwch (Drystan mab Tallwch, Drystan, Sohn des Tallwch). Zimmer hat eingehend nachgewiesen [1]), daß wir hierin „einen kymrischen Versuch der Wiedergabe eines fremden Drestan filius Talorc (piktischer Königsname)" zu sehen haben. Dieser Name des Vaters Tristans ist in keiner der uns bekannten Versionen der Tristansage erhalten. Zimmer nimmt an [2]), daß „in dem Gedicht des Thomas der Vater Tristans den Namen Riwalin führte mit dem Beinamen Kanelengres," indem er darauf hinweist, daß dies sein Name bei Gottfried von Straßburg ist, während die Saga ihn Kanelangres, der Sir Tristrem Rouland nennt, welches letztere wohl aus Riwalin entstellt sei [3]). Nun heißt aber Tristans Vater im Sir Tristrem Rouland Riis, und es ist viel wahrscheinlicher, daß dieser Name aus Ranelangres — wie es die Saga ebenfalls bietet — als aus Riwalin entstanden ist [4]). Wenn das der Fall ist, so ist durchaus nicht erwiesen, daß das Gedicht des Thomas den Namen Riwalin bot, da die nordische und die englische Bearbeitung nur den Namen Kanelangres kennen. Vielmehr ist es dann wahrscheinlich, daß Gottfried, der durchaus nicht allein aus dem Gedichte des Thomas geschöpft hat, sondern sich verschiedentlich der Darstellung Eilharts nähert und häufig den für ihn nicht genügend motivierten Zusammenhang aus eigener Kraft herzustellen sucht [5]); derjenige ist, der aus anderen ihm zu Gebote stehenden Quellen, vielleicht aus Eilharts Gedicht, den Namen Riwalin entnahm und den Namen Kanelengres als Beinamen hinzufügte. An der betreffenden Stelle heißt es:

v. 317 ff. wie er aber genennet wære
daz kündet uns diz mære,
sîn âventiure tuot ez schîn.
sîn rehter name was Riwalîn,
sîn ânam was Kanêlengres.
genuoge jehent und wænent des,
derselbe hêrre er wære

ein Lohnoisære,
künec über daz land ze Lohnois.
Nu tuot uns aber Thómas gewis,
der ez an den âventiuren las,
daz er von Parmenîe was.

Gottfried weist hier eigens darauf hin, daß sein rechter Name Riwalin sei und der Beiname Kanelengres. Die Quelle, aus der Gottfried den Namen Riwalin schöpfte, gab auch Lohnois als dessen Stammland, wogegen Gottfried der Version des Thomas den Vorzug giebt. Daß die Polemik gegen solche, die da „sagen und glauben, Tristans Vater sei ein Lohnoisære", von Thomas selbst und nicht (wie ähnlich an anderen Stellen) von Gottfried stammt, ist ebenso wenig zu erweisen, wie daß bei Thomas selbst der Name Riwalin sich findet. Auch für Berol läßt sich nicht mit Bestimmtheit der Name von Tristans Vater feststellen, da, wie Muret

---

[1]) A. a. O., p. 70 ff. [2]) A. a. O., p. 97. [3]) Vgl. Kölbing, a. a. O., Bd. I, p. XXI. [4]) Vgl. Hertz, p. 489.
[5]) Vgl. darüber die trefflichen Anmerkungen von Hertz, p. 473.

(Rom. XVI, 362) nachgewiesen hat, Berol nicht Eilharts Quelle ist, demnach der Name Riwalin nicht notwendigerweise der Berolversion angehört. Ist aber die Vermutung Murets richtig, daß die Quelle Eilharts das mehrfach erwähnte Gedicht eines Dichters aus dem Nordosten Frankreichs, La Chievre, sei [1]), so erklärt sich unschwer der Name Riwalin. Für den Dichter des Continents war Tristans Vater ein Britte des Continents — so gut wie er für die Angelsachsen ein Engländer (Kanelengres) war — und welche Persönlichkeit hätte sich dem Dichter eher darbieten sollen als jener Riwalin (Riwallo), der im 6. Jahrhundert ein britisches Reich in der Bretagne gründete und „auf den alle bretonischen Fürsten ihr Geschlecht zurückführten [2])?" Was den Namen von Tristans Vater im Prosaroman, Meliadus, angeht, so meint Lot [3]), derselbe erkläre sich vielleicht aus der veränderten Rolle, den der Prosaroman dem Kaherdin zuerteile. Da dieser in der Mitte der Geschichte sterbe, so habe man eine andere Persönlichkeit an die Stelle setzen müssen oder vielmehr einen andern Namen. „On a pris celui de Ruvalen (= Rivalin), ce qui a amené pour éviter une confusion le changement de nom du père de Tristan." Es ist nicht recht erfindlich, warum der Roman gerade den Namen Riwalin für den Sohn Hoëls gewählt haben sollte, wenn er diesen Namen für den Vater Tristans gekannt hätte, um dann dem letzteren wieder einen anderen Namen zu geben, zumal ein Blick in das dem Roman de Tristan von Löseth beigegebene Namenregister zeigt, daß der Roman sich durchaus nicht bemüht, Konfusion zu vermeiden, da eine ganze Anzahl Namen in mehrfacher Auflage erscheinen. Für viel wahrscheinlicher möchte ich es halten, daß Meliadus auf dem Meriadoc der Thomasversion beruht [4]), welcher Name um so eher auf den namenlosen Vater Tristans übertragen wurde, als an Meriadocs Stelle Audret oder Andret die Rolle des Hauptfeindes Tristans übernahm.

Gemeinsam scheint dagegen den poetischen Versionen der Tristansage der Name der Mutter Tristans zu sein, denn der Umstand, daß sich übereinstimmend bei Gottfried der Name Blancheflûr, im Sir Tristrem Blaunchefloûr findet — auch das Blensinbil der Saga beruht wohl nur auf einer verkehrten Lesart desselben Namens — macht es wahrscheinlich, daß derselbe Name sich auch schon bei Thomas fand. Für Berol dürfen wir allerdings aus dem Umstande, daß Eilhart ebenfalls den Namen Blankeflûr kennt, keinen bestimmten Schluß ziehen. Jedenfalls ist die Einführung dieses Namens für die in der älteren Fassung der Sage wahrscheinlich namenlose Mutter Tristans einem der anglonormannischen Bearbeiter zuzuschreiben; und in der That bot sich demselben kaum ein Name, der für die Mutter des Helden sich mehr geeignet hätte als dieser, mit dem sich der Gedanke an die rührende Geschichte von Floire und Blanceflor verbindet, jene Geschichte, die mit der Tristansage das Motiv von der unbesieglichen, in allen Kämpfen und Gefahren bewährten Macht der Liebe gemein hat. Der Prosaroman kennt den Namen Blancheflur überhaupt nicht und nennt Tristans Mutter Helyabel oder Ysabel.

Dagegen stimmt der Prosaroman mit den poetischen Versionen der Tristansage überein in dem Namen des Erziehers Tristans, der bei Berol Governal, bei Thomas Guvernal, bei Gottfried Kurvenal, bei Eilhart Kurvenal und Kurueval, in der deutschen Prosa Kurneval, in der französischen Prosa neben Gouvernal, Gouvernail auch Gorneval und Gournevalheißt [5]). Hertz vermutet darin „einen bretonischen Namen, der, weil er an das französische gouverner,

---
[1]) Romania XVI, p. 362. [2]) Hertz, p. 488. [3]) A. a. O., p. 25. [4]) Der Marjodô des Gottfried, Mariadokk der Saga, Meriadoc des Sir Tristrem, vgl. Hertz, p. 580. [5]) Vgl. Hertz, p 498, Löseth, p. 16.

erziehen, erinnerte, für den Erzieher Tristans gewählt wurde," und erinnert daran, daß der Erzieher des Artus de Bretagne den Namen Gouvernau führt. Der französische Einfluß ist unleugbar und der Einfluß des gouverner wohl ziemlich außer Zweifel. Die Formen Gorneval, Kurneval weisen vielleicht auf ein ursprüngliches Ourneval hin. Tristans Mutter stammt aus Cornwall, ihr Kind wird einem Knappen Curneval anvertraut. Ist das vielleicht ein Dienstmann aus ihrem Gefolge, welcher, der Herrin besonders in Treue ergeben, geeignet erschien zum Hüter und Erzieher des Knaben; mit einem Worte ist Curneval ursprünglich vielleicht nur eine Bezeichnung der Nationalität des Erziehers Tristans? — Der Name der Zofe und Vertrauten Isoldes harrt noch der Erklärung. Denn wie Golther [1]) nachgewiesen hat, ist die Erklärung aus dem kymrischen Brangwen = Weißbrust nicht statthaft, da die offenbar älteste Form — des Thomasgedichtes — Bringvain ist (nach G. Paris Brenvain). [2]) — Über den Namen des Kämmerers Isoldes, Perinis oder Paranis, vgl. Hertz, p. 521. Auffallend ist es, daß unter den Vertretern der Thomasgruppe nur Gottfried diesen bretonischen Namen nennt, wie er ja auch unter ihnen der einzige ist, der den ebenfalls bretonischen Namen Riwalin für Tristans Vater kennt. Sollte auch hier Gottfried aus einer der Version Eilharts nahestehenden Quelle geschöpft haben? Daß Gottfried, dem es offenbar darauf ankam, die Personen seines Gedichtes nicht namenlos in die Welt zu schicken, aus solchen Quellen geschöpft haben muß, scheint mir auch der Name des Vaters von Isolde Weißhand, Jovelin, zu beweisen, der wohl dem auf ein bretonisches Howel zurückgehenden Havelin des Eilbart gleichzusetzen ist. Der Name seiner Gattin, Karsie, gehört nur Gottfried an, ebenso wie der französische Name der Pflegemutter Tristans, Floraete, und der französierte, ursprünglich germanische Name Rugier (=Rüdiger) von Doleise. Dagegen fand sich der Name von Tristans Pflegevater, Rual li Foitenant, offenbar in der gemeinsamen Quelle der Saga, des Sir Tristrem und Gottfrieds, also in dem Gedichte des Thomas, da er sich unter verschiedenen Formen in allen drei Gedichten der Thomasgruppe findet. Der Name des Bruders der Isolde Weißhand, Kaherdin [3]), ist keltischen Ursprungs und hört wiederum allen Versionen an.

Germanischen Ursprungs gleich dem Namen des Königs von Irland und seiner Tochter ist auch der Name des Herzogs, der den Tribut von Marke für den König von Irland zu fordern kommt, Morold. Auch er ist unter verschiedenen Formen (vgl. Hertz, p. 511) allen Versionen gemeinsam. Der Brittenherzog Morgan (der Meergeborne), von dem bereits oben die Rede war, gehört nur der Thomasgruppe an, die ihn wahrscheinlich, wie wir sahen, aus der ältesten Gestalt der Sage bewahrt hat. Verschieden ist in den beiden Hauptversionen der Namen des Hauptgegners Tristans: Thomasversion Meriadoc (Gottfr. Marjodô), Eilhart und Prosaroman Audret (verderbt Andret) beides bretonische Namen. Dem Zwerg hat wieder Gottfried den Namen Melôt gegeben. Rigolin (=Riol des Eilhart) bretonischer Name, Nantenis = Nampetenis des Eilhart (wahrscheinlich li naim Bedenis) bei Thomas wieder ohne Namen.

Wollen wir nun auf Grund der bisher besprochenen Namen zu einem Schlusse über den Ursprung der Sage gelangen, so würden wir meines Erachtens fehlgreifen, wenn wir uns einfach an die Thatsache halten würden, daß neben „die rein keltischen Namen sich rein

---

[1]) Zeitschrift für romanische Philologie XII, p. 352. [2]) Romania XVIII, p. 328. [3]) Über die verschiedenen Formen (Eilhart: Kehenis), vgl. Hertz, p. 547.

französische stellen, welche nur auf französischem Boden, unter den Händen französischer Dichter der Sage einverleibt werden konnten" [1]). Prüfen wir die Namen dagegen unter dem Gesichtspunkte, welche von denselben allen Versionen gemeinsam angehören und welche in den einzelnen Versionen verschieden resp. nur bei einem einzelnen Dichter auftreten, so ergiebt sich folgendes Bild.

Gemeinsam sind allen Versionen die keltischen Namen: Tristan, Marc, Kaherdin, Bringvain, der wahrscheinlich ursprünglich keltische Name Governal, die germanischen Namen Isolt, Morold und der französische Name Blancheflur. Scheiden wir diesen letzteren als eine Zuthat eines der anglonormannischen Dichter aus, so bleiben nur Namen, die auf eine keltische Sage deuten. Denn wenn auch, wie Golther (p. 6) bemerkt, „mit den Namen an und für sich noch keineswegs auch schon eine Sage gegeben ist", so liegt doch nicht der geringste Grund vor, warum wir einer Sage, die nicht allein die Hauptpersonen mit keltischen und mit, den Beziehungen der Kelten zu Irland entsprechenden, germanischen Namen bezeichnet, sondern auch in Cornwall und in der Bretagne [2]) spielt, notwendig zu einem französischen Ursprung verhelfen müßten. Daß Golther unter dem Eindruck einer vorgefaßten Meinung steht, dürfte für den unbefangenen Leser seiner Schrift aus Folgendem hervorgehen. Golther weist auf die Reste und Spuren aus keltischer Sage selbst hin: Nach den Triaden war: „Trystan, der Sohn des Tallwch, ein Häuptling des VI. Jahrhunderts. Die Liebe zur Gattin seines Oheims March ab Meirion, Essylt, erwarb ihm die Bezeichnung eines der drei brennenden Liebhaber von Britannien. Marke ist einer der drei Flottenführer der Insel Britannien". Was sonst von Tristan in der kymrischen Sage erzählt wird, kann füglich unerwähnt bleiben, da wir hierin bereits den Hauptinhalt unserer Sage haben: die Liebe Tristans zu seines Oheims Gattin Isolde. Trotzdem bemerkt Golther hierzu: „Die Notizen sind einerseits sehr dürftig und mager, so daß man nicht aus ihnen auf das Vorhandensein einer lebensvollen keltischen Tristansage argumentieren darf, andrerseits sind sie überdies in Bezug auf ihre Echtheit und ihren Wert sehr anzuzweifeln". Daß für diese Behauptung — soweit sie die Tristansage betrifft, die mit der Artussage ursprünglich nichts zu thun hat — doch erst der Beweis erbracht werden müßte, bemerkt Lot (a. a. O., p. 29 ff.), auf dessen Ausführungen hinzuweisen an dieser Stelle genügt haben würde, wenn es mir nicht zur Klarstellung der Frage, ob keltische Sage oder nicht, notwendig erschienen wäre, in aller Kürze auf die Widersprüche hinzuweisen, in die sich Golther in dem Bestreben, die Sage als nicht keltisch zu erweisen, verwickelt. Die Frage, ob der Tristansage ein urkeltischer Mythus zu Grunde liegt: Tristan der Sonnengott, dessen Leben sich zwischen Tag und Nacht oder Sommer und Winter (den beiden Isolden) teilt, wie das G. Paris fast als eine Thatsache hinstellt [3]), möchte sich allerdings —

---

[1]) Golther, a. a. O., p. 6. Die in dem Inhaltsverzeichnisse von Golthers Abhandlung stehende Bemerkung: „Die Namen stammen teils aus dem Französischen, teils aus dem Keltischen" verschiebt die Sachlage sogar noch mehr zu Gunsten des französischen Einflusses, dem Golther bei der Ausbildung der Tristansage den Löwenanteil zuerkennt. [2]) Hierzu bemerkt Golther: „Auch letzterer Umstand darf nicht ohne weiteres für den notwendigen keltischen Ursprung der Sage angeführt werden. Deutsche und französische Sagen nationalen Stoffes spielen auf spanischem, italienischem und orientalischem Boden, ohne darum von dorther zu stammen." Wenn diese Bemerkung zutreffend sein sollte, so müßte vor allem zuerst der Beweis geliefert werden, daß die Tristansage eine Sage französisch-nationalen Stoffes sei; sodann ist dabei ganz außer Acht gelassen, daß in unserm Falle Namen und Schauplatz auf eine keltische Sage hinweisen. [3]) Tristan et Iseut, p. 13: Il y a dans ces poèmes un élément mythique que ne comprennent plus du tout ceux à qui nous le devons. On a reconnu avec assez de vraisemblance dans Tristan un héros solaire: les deux Iseut entre lesquelles sa vie se partage sont le jour et la nuit ou l'été et l'hiver sans cesse confondus dans les mythes.

darin stimme ich Golther bei — kaum mit Sicherheit beantworten lassen. Dazu sind die Anhaltspunkte doch zu vager Natur, und dasselbe gilt von der von G. Sarrazin [1]) verfochtenen Ansicht — so anziehend dieselbe auch sein mag —, welcher in Tristan (= Siegfried) den Lichtgott Balder und in der blonden Isolde die spröde Riesentochter Gerd wiedererkennen will.

Daß die Liebessage selbst, der Kernpunkt der Tristansage, „der Natur nach bei jedem Volke, zu jeder Zeit entstehen kann", giebt Golther selbst zu (a. a. O., p. 12.). Dagegen hat Golther nachzuweisen gesucht, daß im übrigen die Sage sich aus „Episoden und einzelnen Scenen zusammensetzt, die aus der im Mittelalter sehr verbreiteten, in ihren letzten Ursprüngen nach dem Orient zurückweisenden Novellen- und Märchenliteratur stammen". Ohne Zweifel haben sich um den Kern der keltischen Tristansage, den ich bereits oben (p. 6.) zu skizzieren versucht habe, allmählich eine ganze Anzahl von Erzählungen angesetzt, die auch in der folklore anderer Völker sich in ähnlicher Form finden. Dazu gehören der zweideutige Reinigungseid Isoldes, und Tristans Kampf mit dem Drachen. Was den ersteren anlangt, so giebt uns ein Vergleich der verschiedenen Versionen vielleicht einen Fingerzeig in Bezug auf die ursprüngliche Gestalt der Sage. In sämtlichen Versionen mit Ausnahme von Gottfried und Malory vertraut sich der von Morolds vergifteter Lanze verwundete Tristan aufs Geratewohl dem Meere an und wird durch Zufall an die Küste von Irland verschlagen. Die Heilung der Wunde geschieht bei Berol und im Roman durch die junge Isolt, in der Thomasversion durch deren Mutter, während Eilhart die Heilung durch die junge Isolt geschehen läßt, die Tristan jedoch nicht zu Gesichte bekommt. Im Prosaroman folgt nun nach der Erzählung von einem Turnier, in dem Tristan unerkannt den Sieg davon trägt, (die für uns als späteres Einschiebsel nicht in Betracht kommt), die Scene im Bade. Tristan wird als derjenige erkannt, der Morold erschlagen hat, und vom Könige des Landes verwiesen, das wieder zu betreten ihm bei Todesstrafe verboten wird. (Vor dieser Scene im Bade findet sich in der Handschrift 103 und in den Drucken die Erzählung von dem Kampf mit dem Drachen, von dem Betruge und der Entlarvung des Seneschalls). Tristan kehrt nun nach Cornwall zurück, rühmt am Hofe Markes die Schönheit Isoldes und wird von dem König als Freiwerber nach Irland gesandt. Der Beweggrund Markes zu dieser Sendung entspricht vollständig der Stellung, die der Roman dem Könige Tristan gegenüber angewiesen hat: er wünscht sich des Neffen, den er fürchtet und haßt, zu entledigen, indem er zugleich dem Drängen der Barone sich zu verehlichen nachgiebt. Tristan gewinnt die Verzeihung des Königs von Irland, den er in einem Zweikampfe vertritt, und damit die Hand Isoldes für Marke. Bei Eilhart schafft Tristan dem Könige Rat in der Hungersnot, die in Irland ausgebrochen, fährt nach England, um dort die Schiffe des Königs mit Korn zu beladen, bleibt selbst zurück und kommt so wieder an Markes Hof. Dann folgt die poetische Erzählung von den Schwalben mit dem Goldhaar. Marke, von den Baronen zur Heirat gedrängt, benutzt hier die Gelegenheit, um, wie er hofft, durch den Schwur, nur die Frau zu heiraten, der dieses Goldhaar gehört, ein für alle Mal sich diesem Drängen und der Notwendigkeit zu heiraten zu entziehen. Tristan, von den Baronen der Schuld an dieser List Markes geziehen, erbietet sich die Frau mit dem Goldhaar zu suchen. Ein Sturm verschlägt sein Schiff nach Irland, wo er sich und seine Genossen als Kaufleute ausgiebt. Es folgt nun der Kampf mit dem Drachen, durch den Tristan des Königs Tochter zu gewinnen und seine Gesellen zu retten hofft. Bei Gottfried geht Tristan

---

[1]) Zeitschrift für vergleichende Literaturgeschichte I, p. 271.

freiwillig als Freiwerber zu Isolde für Marke, der hier ebenfalls hofft, so am besten der von den Baronen gewünschten Heirat zu entgehen; denn er glaubt nicht, daß sein Feind Gurmun ihm die Hand seines Kindes geben werde. Tristan fährt ab, begleitet von den Baronen, die er offenbar nur mitgenommen, um sie durch die Todesangst, die sie an Irlands Gestade ausstehen, für ihre Intriguen zu strafen; denn ein anderer Beweggrund für ihre Mitnahme ist nicht erfindlich, selbst wenn wir Gottfried glauben wollten, daß Tristan gleich in der Absicht ausfährt, Isolde durch den Kampf mit dem Drachen zu gewinnen. Aber diese Absicht besteht offenbar garnicht von Anfang an. Vielmehr will Tristan, der als Kaufmann in Irland erscheint, ursprünglich Isolde auf sein Schiff locken und entführen [1]). Ganz unerwartet folgt dann auch hier der Kampf mit dem Drachen und dann bei Eilhart wie bei Gottfried übereinstimmend die Erzählung vom Truchseß, die Scene im Bade und schließlich die Versöhnung; Isolde wird Tristan als Markes Braut übergeben. — Versuchen wir nun uns ein Bild von der ursprünglichen Gestalt der Sage zu machen:

Tristan, von Morolt mit einem giftigen Speer verwundet, überläßt sich im Schiffe dem Meere, gelangt nach Irland und wird von Isolde geheilt. Als Mörder Morolds erkannt, muß er fliehen und kommt wieder an Markes Hof, wo er Isoldens Schönheit rühmt. Die auf Tristan eifersüchtigen Barone drängen, um diesen zu verderben, Marke, Isolde zu heiraten, und dieser willigt ein, wenn die Barone für ihn werben wollen. Tristan erbietet sich zu der Fahrt. Er beabsichtigt Isolde auf sein Schiff zu locken und zu entführen. Ob in der ältesten Fassung der Sage diese Entführung wirklich stattfand, wissen wir nicht; der Umstand aber, daß die uns bekannten poetischen Versionen Tristan als Kaufmann in Irland auftreten lassen und den Kampf mit dem Drachen ganz unmotiviert [2]) einschieben, machen das wahrscheinlich. Diese Fassung konnte dann natürlich von dem Minnetrank nichts wissen. Die Versuche, diese Episode, die wohl — ebenso wie der geheimnisvolle Zwerg und das Hündchen Petitcriu mit der magischen Glocke — den keltischen Feenmärchen entlehnt wurde, mit der Entführung Isoldes zu vereinen, führten zur Einfügung des Drachenkampfes und der folgenden Werbung an Stelle dieser Entführung, wobei es nicht ausbleiben konnte, daß die Zusammensetzung des Stoffes eine rein äußerliche wurde [3]). Den Liebestrank hat die Mutter Isoldes bereitet; rückschließend macht die Thomasversion die kräuterkundige Mutter zur Ärztin Tristans.; Eilhart läßt zwar die junge Isolde Tristans Ärztin sein, macht aber infolge der Einführung der Episode von „der Schwalbe mit dem Goldhaar", die höchst unwahrscheinliche Angabe, daß Tristan bei seinem ersten Aufenhalte in Irland Isolde garnicht gesehen habe. Ob Berol die Episode mit dem Goldhaar schon kannte, ist nicht sicher; der einzige Umstand, der dafür spricht, ist die Anspielung in der Berner Handschrift der „Folie Tristan" [4]), welche im allgemeinen die Berolversion repräsentiert.

Die Episode des Riesen, welcher sich aus den Bärten der von ihm besiegten Könige einen Mantel anfertigen läßt [5]), ist wohl — wie manches andere — von Thomas aus Galfrid von Monmouth entnommen. Daß außerdem noch eine ganze Anzahl nebensächlicher Züge aus der allgemeinen Märchenliteratur des Mittelalters an den ursprünglichen Kern der Sage sich angeschlossen haben, ist natürlich [6]). Aber alle diese Züge können ohne Schaden für die Sage gestrichen werden — was

---

[1]) Vgl. Hertz, a. a. O., p. 499.   [2]) Am wenigsten motiviert bei Eilhart, da hier Tristan nicht einmal weiß, daß Isolde, um die er den Kampf wagt, die gesuchte Jungfrau mit dem Goldhaar ist.   [3]) Vgl. Golther, a. a. O., p. 22.   [4]) Vgl. Romania XV, p. 517,27.   [5]) Golther, a. a. O., p. 19.   [6]) Golther hat in diesem Teile seiner Arbeit eine Menge Züge aus der Märchenliteratur zusammengetragen, deren Vergleich von großem Interesse,

schon daraus hervorgeht, daß die eine Version diese oder jene Episode kennt, die der andern fremd ist — und es bleibt dann doch noch ein Kern, dem man den keltischen Ursprung nicht abstreiten kann: Tristans Jugendgeschichte, der Kampf mit Morold, die beiden Fahrten nach Irland, die Liebesgeschichte Tristans und Isoldes mit ihren Kämpfen und Gefahren, das Leben im Walde, die Trennung, Isolde Weißhand, der Tod der Liebenden. Über die unzweifelhaft keltischen Züge in diesem Kern der Sage hat G. Paris in seiner Schrift Tristan et Iseut (p. 9—15) sich eingehend verbreitet, indem er nachweist, daß die Scenerie wie die Menschenwelt in ihrer äußeren Erscheinung und in ihren moralischen Eigenschaften sich hier weit anders malt als in den Köpfen französischer Dichter [1]. Über die angeblich ursprünglich germanische Sitte des trennenden Schwertes vergleiche man die Anmerkungen von Hertz (p. 542 ff.), aus dessen Zusammenstellung die weite Verbreitung dieser Sitte hervorgeht. Für den Holmgang Tristans und Morolds giebt Golther selbst zu, daß dieser Brauch auch durch die Dänen im 9. Jahrhundert in die kymrische Sage könnte eingeführt sein, fügt aber dann hinzu: „Glaubhafter aber scheint mir die Erklärung aus normännischem Einfluß." Warum? Müssen wir denn von zwei Möglichkeiten immer nur die gelten lassen, welche geeignet ist, die Annahme der Existenz einer keltischen Tristansage im 9. und 10. Jahrhundert in Mißkredit zu bringen? Dann darf man allerdings mit G. Paris von einer Keltophobie sprechen, die der französische Gelehrte nicht mit Unrecht als Reaktion gegen die Keltomanie betrachtet [2]. Für den Einfluß der klassischen Sagenwelt können wir gern den Weg acceptieren, den Golther selbst als möglich bezeichnet, nämlich durch „die Kelten selber" [3], aber auch hier drängt sich uns die Frage auf: muss denn jeder Sagenzug, der eine Parallele im Altertum findet, notwendig daraus herstammen? Die von Liebrecht [4] hervorgehobene Ähnlichkeit zwischen dem Tode Tristans und dem des Paris ist gewiß sehr interessant, doch ist der Inhalt der ganzen Erzählung derart, daß sie ebensowohl spontan bei jedem Volke entstehen konnte. Die Übereinstimmung mit der Theseussage ist auffallend, doch kann hier ebensogut, wenn denn durchaus ein ausserkeltischer Einfluss stattgehabt haben muß, die bretonische Sage in Frage kommen, auf deren verwandte Züge Villemarqué bereits hingewiesen hat. (Barzas Breiz 6. éd. Paris 1867, p. 123 ff. und Golther, a. a. O., p. 10). Golther macht schließlich geltend, daß, was wir von der keltischen Dichtung wüßten, lange nicht genüge, um daraus ein Werk wie die Tristansage zu erklären, und fügt hinzu: „Es könnten auch solche Werke nicht spurlos verschwunden sein". Das ist eine subjektive Ansicht, zu deren Begründung sich garnichts, gegen die sich dagegen u. a. die Thatsache anführen läßt, daß z. B. die ältesten und wichtigsten französischen und provenzalischen Rittergedichte verloren gegangen sind [5]).

aber doch gewiß nicht beweiskräftig gegen den keltischen Ursprung der Tristansage ist. Muß die Fahrt nach der unbekannten Jungfrau (p. 16) wirklich deshalb der entlehnten Literatur angehören, weil sie bereits im Mongolischen erzählt wird? Soll man wirklich in dem Entscheide Isoldes zwischen Tristan und dem Truchseß noch eine Erinnerung an die Gattenwahl der indischen Sage sehen? (p. 15). Was Golther in Bezug auf die Behandlung der Berolversion Heinzel zum Vorwurf macht, daß er viel zu subtil verfahren sei, und daß man mit dieser Methode auch aus dem Eilhartischen Texte eine Anzahl von Liedern herausrechnen könnte (a. a. O., p. 77), das wirft mutatis mutandis F. Lot in Bezug auf diesen Teil seiner Arbeit Golther vor: „En appliquant le système de M. Golther on pourrait se donner le plaisir facile de démontrer, qu'il n'y a rien de germanique dans l'épopée germanique". [1]) Vgl. auch Romania XVII, p. 605. [2]) Tristan et Iseut, p. 8: Nous vivons dans un temps de „celtophobie": Après avoir fait à l'élément celtique, dans la formation du monde intellectuel et moral moderne, une part excessive, on veut aujourd'hui réduire cette part à presque rien. [3]) a. a. O., p. 25; vgl. auch G. Paris, a. a. O., p. 15 ff. [4]) Germania XII, p. 25. [5]) Vgl. Germania XII, p. 258.

Wir glauben uns daher nach allem berechtigt an der oben ausgesprochenen Ansicht festzuhalten, daß der Ursprung der Tristansage bei den nördlichen Britten zu suchen ist. Von dort kam sie etwa im 9. Jahrhundert zu den Angelsachsen und den Kelten von Wales, bei denen sie ihre weitere Ausbildung und zugleich eine Verschiebung des Schauplatzes erfuhr. Bretonische Sänger, die in Wales die Sage kennen lernten, thaten ihrerseits Züge aus der bretonischen Sage hinzu, so daß sich neben einander eine englische und eine bretonische Version der ursprünglich keltischen Sage bildete. Durch die Sänger des zweisprachigen bretonischen Gebietes wurde die Sage den Normannen bekannt, die nach der Eroberung Englands auch dort wiederum eine reich entwickelte Tristansage vorfanden. Daher sind denn auch zwei anglonormannische Dichter die Hauptvertreter der poetischen Tristansage: **Thomas** und **Berol**, von denen jener die **englische**, dieser die **bretonische** Version repräsentiert. Die letztere fand auch auf dem Continent Bearbeiter, zu denen wahrscheinlich **Chrestien von Troies** und **La Chievre** gehörten. Französische Spielleute endlich verarbeiteten den Stoff der Tristansage nach Art der Abenteuerromane, wie wir dies in dem zweiten Teile des sogenannten Berolfragmentes sehen, und entwickelten mehr und mehr jene Verquickung des Tristanstoffes mit der Artussage, welche in dem Prosaroman, der Tristan geradezu zu einem Ritter der Tafelrunde macht, ihren vollendeten Ausdruck fand. Die bretonische Version hat naturgemäß eine größere Anzahl ursprünglicher Züge bewahrt, die in der englischen Version teils schon vor Thomas, teils unter den Händen dieses höfischen Kunstdichters verschwanden, so daß man sie daher mit Recht als die ältere Version bezeichnen kann, ohne daß deshalb Berol vor Thomas gedichtet haben müßte. Ich habe mit diesen abschließenden Bemerkungen über den Ursprung und die Entwickelung der Sage teilweise schon vorgreifen müssen und gehe nun zur Betrachtung der **Gedichte des Berol und Thomas und des Prosaromans** im Einzelnen über.

Das Gedicht des Berol hat man lange Zeit als **anglonormannisch** angesehen [1]), bis H. Warnecke den Nachweis zu liefern suchte, daß dasselbe dem Kontinente angehöre [2]); ich sage „suchte", denn ich kann der Ansicht Warneckes aus verschiedenen Gründen nicht beistimmen [3]). Zunächst konnte ein solcher Nachweis schon deshalb nicht wohl gelingen, weil, wie schon Golther (p. 85 ff.) überzeugend nachgewiesen, das sogenannte Berolfragment in zwei Teile zerfällt, deren zweiter einer anderen Tristanversion angehört, als die „zwei Hauptströmungen, die uns bekannt sind". Unabhängig von Golther kam Muret ebenfalls im Jahre 1887 zu demselben Schlusse [4]), und merkwürdiger Weise behandelte in demselben Jahre Warnecke die sprachliche Seite des betreffenden Fragmentes unter der stillschweigenden Voraussetzung, das Werk eines Dichters vor sich zu haben. Allerdings könnte ja Berol die beiden Traditionen mit einander verknüpft haben, aber ich bin mit Golther der Ansicht, daß die Verknüpfung das Werk des Compilators der Handschrift ist (a. a. O., p. 88), wenngleich ich ebenso wie Golther auf die etwaigen Widersprüche wenig Wert lege [5]). Vielmehr leiten mich hierbei neben den bereits von

---

[1]) Vgl. Romania X, p. 492 G. Paris: „le Tristan de Béroul, poème anglonormand". [2]) H. Warnecke, Metrische und sprachliche Abhandlung über das dem Berol zugeschriebene Tristan-Fragment nebst Bestimmung des Ortes und der Zeit der Abfassung desselben. Inaugural-Dissertation. Göttingen 1887. [3]) Nachträglich finde ich eine Bestätigung meiner Ansicht im Jahresbericht über die Fortschritte der Romanischen Philologie (I, p. 378), wo Johann Vising schreibt: „hat man doch sogar den Tristan des Béroul nach dem Kontinent verlegen wollen". [4]) Romania XVI, p. 291. [5]) Golther erwähnt (p. 88), daß einer der drei Hauptgegner

Golther und Muret hervorgehobenen Gründen (der gänzlich heterogene Inhalt) noch andere, von denen einige mich auch veranlassen in Berol, dem Verfasser des ersten Teiles des Gedichtes, einen Anglonormannen zu sehen.

Nach Warnecke (p. 59) geben die Eigennamen des Gedichtes keine wesentlichen Anhaltspunkte für die Lokalitätsbestimmung. Ob dem so ist, werden wir weiter unten sehen. Sehr viel Gewicht legt Warnecke nur auf die Worte Tristans (v. 2276—77): *„Ainz m'en irai ainçois un mois. En Bretaigne ou en Orlenois"*. „Man kann wohl annehmen, daß der Dichter diese Länder als seiner Heimat benachbarte nennt", fügt W. hinzu. Zunächst spricht hier nicht der Dichter, sondern Tristan, sodann ist wahrscheinlich *Loenois* zu lesen, wie ich oben (p. 2) nachzuweisen gesucht habe, und endlich ist es, selbst angenommen, daß das *Orlenois* berechtigt wäre, doch mehr als gewagt daraus auf die Heimat des Dichters schließen zu wollen. Wie ich schon oben zu zeigen versucht habe (p. 2 ff.), weisen im Gegenteil alle geographischen Bezeichnungen im Berol auf England hin, und es ist auffallend, daß gerade seine Schilderung von Cornwall besonders wahrheitsgetreu ist [1]. Auffallend ist der, nur der Berolversion — und zwar nur in der Aussätzigen- und Eremitenscene — eigentümliche Städtename *Lancien* [2] (*Lantien*), auf den schon Heinzel aufmerksam gemacht [3] und in dem Novati [4] den Namen der Stadt Markes vermutet, im Gegensatz zu dem Castell Tintajol. Über die Gelehrsamkeit und literarischen Kenntnisse Berols handelt Novati [5], indem er eine ziemlich große Anzahl von Belegen beibringt. Auffallend ist nun, daß unter den angeführten (etwa 20) Stellen sich nur eine einzige aus dem zweiten Teile findet. Im übrigen aus dem Stile Berols Schlüsse ziehen zu wollen halte ich für weniger ratsam, da derselbe zu kunstlos und zu wenig charakteristisch ist, um bei einem Vergleiche der beiden Teile zu einem bestimmten Resultate zu führen. Die beste Handhabe zur Entscheidung der Frage, ob die Verknüpfung beider heterogener Teile das Werk Berols oder des Compilators der Handschrift ist, bietet die Sprache.

Die Bindung — *an:* — *en* im Reim ist im ersten Teile selten, sie beschränkt sich auf das auch im Horn, einem zweifellos anglonormannischen Texte, belegte *mautalent*. Der

---

Tristans von Kurvenal (v. 1674—75) erschlagen wird, dagegen später (v. 2998 ff.) alle drei wieder auftreten. Golther hält mit v. 2729 Berols Werk für abgeschlossen, Muret mit v. 2976 („ou un peu auparavant"). Indem ich mich unter Bezugnahme auf die von Golther angegebenen Gründe (a. a. O., p. 88 ff.) dieser Ansicht anschliesse, kann ich ein Bedenken nicht unterdrücken gegen die Schlußstelle des ersten Abschnittes v. 2720—29, in der erzählt wird, daß die troi felon und der verräterische Förster getötet werden, ohne daß sich mit Bestimmtheit sagen läßt, ob hier von bereits eingetretenen oder noch zu erwartenden Ereignissen die Rede ist. Dazu kommt, daß hier auf einmal l'erinis auftritt, den der Förster auf der Jagd tötet. Der Schluß dieser Stelle:
Dex les venga de toz ces IIII,
Que vout le fier orguel abatre
könnte sehr wohl der Feder des abschreibenden Mönches entstammen, den das „que Dex cravent" zu einer moralisierenden Betrachtung anregte. Mit diesem kräftigen, ganz dem Stile Berols entsprechenden Ausrufe (also v. 2719) möchte ich Berols Werk für beendet halten. [1] Vgl. Novati (Studj di filologia Romanza, 2, p. 396 ff.). Di Beroul stesso potremmo dire quel che egli scrive in lode di Tristan: „Bien sout les trait de Cornoalle" (v. 2620) . . . . il quadro che egli fà della Cornovaglia, bagnata dal mare, cinta di roccie, coperta di foreste, e triste nella desolata aridita delle sue lande, riproduce assai fedelmente l'aspetto del paese quale oggi ancora si mostra". [2] Michel druckt l'ancien. [3] Zeitschrift für deutsches Altertum 14, p. 316. Warnecke hat offenbar von der Bemerkung Heinzels keine Notiz genommen, denn er führt (p. 25) als Reime an: „—*ianus* = —*ien* reimt 1. *ein*: *ancien*: *Irein*. 2. = *ien* (aus ě + n) *bien*: *ancien*, *bien*: *entien*". Diese Reime sind natürlich nichts beweisend, so lange die Etymologie von Lancien nicht feststeht. [4] a. a. O., p. 396. [5] a. a. O., p. 399.

Reim v. 833 *demaintenant: sarmenz* ist mir schon wegen des *t:z* verdächtig, eine einfache Umstellung ergiebt: Li rois demaintenant *tranchanz*
Partot fait querre les *sarmenz,*
trenchent ist aber ebenfalls für den Horn belegt (vgl. Suchier, Reimpredigt, p. 71). — Dagegen hat der zweite Teil: *durement: maintenant* 3805; *sanglent: gesant* v. 4663 — ebenso findet sich *sanglant* bei Benoit, Chronique und Roman de Troie (vgl. Suchier, a. a. O.) — und der auffallende Reim *redemande: viande* v. 3919, wobei Warnecke auf die Bindung *viande: — an* im Rou hinweist. Der erste Teil stellt sich demnach in der Behandlung des — *an* und — *en* zu den anglonormannischen, der zweite Teil zu den kontinentalnormannischen Denkmälern. Auffallend ist nur das von Warnecke als alleinstehende Unregelmäßigkeit im ersten Teile verzeichnete *chambre: ensemble* v. 560 [1]). Mir scheint die ganze Stelle bedenklich, denn sie enthält außer diesem Reime die pikardische Form *diromes* und ist ihrem ganzen Inhalte nach wohl zu entbehren: v. 566 würde sich sehr wohl an v. 551 anschließen. Ja, es erscheint geradezu merkwürdig, daß der Dichter in den Versen 551—566 das Verfahren der drei Barone, von denen er selbst sagt: *Ainz ne veistes plus felons*, rechtfertigen sollte [2]). Jedenfalls haben wir alle Veranlassung, die sprachlichen Eigentümlichkeiten dieser Stelle für unsern Dichter nicht in Betracht zu ziehen.

Die lateinische Endung — *alem* findet sich im ersten Teile nur einmal als — *al: mal: loial* v. 343 [3]), denn in v. 1613: *mal: elgal* ist es zweifelhaft, ob *elgal = egal* oder = *el gal im Walde* ist [4]); als — *el* v. 341: *Dex: tex* — die Reime *ostel: el* (= aliud) v. 471 — : *sel* v. 1261 sind höchstens als Schreibung zu notiren, sie beweisen nichts —. Dagegen erscheint im zweiten Teile nur — *al* — denn auch hier beweist *ostel: el* v. 3574 nichts — nämlich v. 2906, 3178, 3544, 4295 — *loial: natural* v. 3046 ist ebenfalls nur der Schreibung wegen zu notiren. Die Bemerkung Warneckes (p. 7), daß unser Text sich hierin mehr zum Rou stellt, trifft also wiederum auch für den zweiten Teil zu.

Der Reim *ert:e* (aus e), den Warnecke aus v. 385 anführt, ist nicht beweisend, da das *iert* der Handschrift sehr wohl stehen bleiben kann — *certes, ne fusent li cuvert, qui vos dient ce qui ja n'iert*: sicherlich, wären nicht die Schurken, die euch sagen, was nie geschehen wird — und wir dann die anglonormannische Bindung *ie:e* haben. Die von Warnecke unter — *el* und — *ece* angeführten Reime gehören ebenfalls dem zweiten Teile an, der auch hierin wieder Benoit nahe steht. Dagegen findet sich neben der Schreibung *proece* im ersten Teile im Reim *proeise* [5]) ebenso wie im Tristran des Thomas, Bestiaire und Gaimar *(laeise: aise)* [6]). Neben der auch im Anglonormannischen üblichen Bindung *femme: reigne* findet sich im zweiten Teile v. 3033 der auffallende Reim *femme: cane* (= canna), zu dem Warnecke (p. 11) einen entsprechenden Reim aus Benoit stellt, *feme: dame.*

---

[1]) Nicht, wie W. aus Versehen angiebt, v. 2478. [2]) Das *Que nus hom consentir ne doit* (v. 555) klingt doch wie der Ausdruck einer sittlichen Entrüstung über Tristan und Isolde, die unser Dichter sonst nicht kennt und die geradezu im Widerspruch mit seiner Empörung über die Hinterlist der *troi felon* steht. [3]) Daß diese Stelle möglicherweise dem Originale nicht angehörte, darüber vgl. p. 22. [4]) Vgl. auch v. 1715: La ou il erent, en cel *gaut.* [5]) Ich muß gestehen, daß mir der Sinn von v. 177 nicht klar ist: Bien sai que j'ai si grant proeise Par tote terre *ou fol atoise;* man würde etwa erwarten: Bien sai que j'ai si grant proeise Par tote terre *que fuse a l'aise.* Das Metrum wird, da auslautendes e in terre verstummen kann, nicht beeinträchtigt. [6]) Vgl. Röttiger, der Tristran des Thomas, ein Beitrag zur Kritik und Sprache desselben, Diss. Göttingen 1883.

Über die unter *o* verzeichneten Reime (p. 14) *mot : tot*, vgl. Mall, Computus p. 51; *mot : dot* gehört wieder dem zweiten Teile an. Während die aus dem ersten Teile angeführten Bildungen mit *o* — nämlich *torner, estros : vos, pentecoste : aoste, demor : seignor*, — ferner die Reime *home : Rome, on : non* sich auch im Computus belegt finden (vgl. auch Röttiger, a. a. O., p. 36), zeigt auch hier auffallender Weise der zweite Teil Bildungen, die anglonormannischen Denkmälern im allgemeinen fremd sind, während sich zum Teil wieder bei Benoit und Wace entsprechende Reime finden (Warnecke, p. 14 ff.) [1]). — Weiter giebt *o* zu besonderen Bemerkungen wenig Veranlassung; es verdient jedoch erwähnt zu werden, daß auffallende Reime, wie *fors : rebors* (p. 16), *despollent : acuelent, suen* (-sonum) : *Denoalen* (p. 17), wiederum dem zweiten Teile angehören.

Die Laute *ai* und *ei* sind im ersten Teile ebenso behandelt wie im Tristan des Thomas, dagegen finden sich im zweiten Teile die Reime: *frans : mains, fange : enseigne*, dem damit dieselbe Entwickelung des *ei* zukommt wie Chrestien (Warnecke p. 20).

In der Bindung *ie : e* (Warnecke, p. 23 ff.) könnte man für den ersten Teil eine anglonormannische Eigentümlichkeit sehen: es bleiben, wenn wir nicht bessern, 3 Fälle: *premier : torner* v. 134, *iert : cuvert* v. 386, *soudeier : luer* v. 2634; und ein Fall, in dem *quitié : pechié* reimt, v. 2311. Warnecke führt nicht den Reim v. 983 an: *depeciez : rez*, allerdings würde auch hier die Besserung leicht sein in *depanez : rez*, zumal v. 1005 *depecier : sacier* hat, denn so ist wohl statt *saper* zu lesen. Dagegen findet sich im zweiten Teil das sehr auffallende *reigné : menacié* v. 3464, das wieder bei Benoit eine Parallelstelle findet, und *plungiez : grez* v. 3807. Diese Stelle scheint mir verdächtig wegen der Form *de grez*, da man *de gre(d)* erwarten würde; sollte man nicht *degiez* zu lesen haben, das bei Wace und auch sonst sich mehrfach in der Bedeutung krank, schwach findet?

Li baston li let tot degiez,
Ariere chiet, tot est plungiez.

„Den Stock läßt er ihm fahren, [da er] ganz schwach [ist] u. s. w." Obgleich damit die Bindung *ie : e* fast nur dem ersten Teil verbliebe, möchte ich doch darauf nicht allzuviel Gewicht legen, da der Text nur in einer einzigen, noch dazu vielfach verderbten Handschrift überliefert ist und ich bei der Untersuchung der Sprache des Thomas die Erfahrung gemacht habe, daß die Mehrzahl der in einer Handschrift sich findenden Bindungen *ie : e* durch die Lesart einer andern gebessert wurden. (Der Tristran des Thomas p. 42).

Unter den Consonanten ist die Behandlung von *s* und *z* beachtenswert. Während der erste Teil streng zwischen *s* und *z* scheidet, zählt Warnecke (p. 36) 4 Fälle der Bindung *s : z* aus dem zweiten Teile. Erwähnt mag auch werden, obwohl das nicht als beweisend ins Gewicht fällt, daß der erste Teil *pez* (=pacem) zu *z*, der zweite Teil dagegen *pais* zu *s* reimt. — Das Verhalten der losen Dentalis in den Perfektendungen giebt uns zwar,

---
[1]) Auffallend ist der von Warnecke (p. 15) angemerkte Reim *exjor : losengeor* v. 1019. Der Versuch *exjor*, das sich aus *exgaudere* nicht wohl erklären läßt, mit dem provenzalischen *sojornar* in Verbindung zu bringen, scheint mir etwas gewaltsam. Vielleicht haben wir statt
Por Deu! fait el, *se je m'exjor*
Quant li felon *losengeor* . . .
zu lesen: Por Deu! fait el, *ke je mes quier*
Quant li felon, *li losengier* . . .
vgl. auch v. 391: Mais li felon, li losengier.

wie wir sehen werden, kein sicheres Material zur Kritik, ist aber nicht ohne Interesse für den Vergleich beider Teile. In Bezug auf — *it* schwankt der erste Teil (zu *issi : respondi* v. 1043 hätte Warnecke auch noch *merci : menti* v. 335, *: respondi* v. 851 und *defendi : hardi* v. 1889 stellen können), für den zweiten Teil läßt sich nichts feststellen — der einzige von Warnecke citierte Reim ist *vit : dit* —, da *vit* auch noch nach Abfall aller *t* in den Perfektis auf *it* nur mit festem *t* reimt (Mall, Computus, p. 81). — *ut* ist erhalten; *fut* hat festes *t* im ersten, loses *t* im zweiten Teile. Allerdings ist nur ein beweisender Reim da — *fu : feru* v. 3512 —, aber der Umstand, daß die Schreibung *fut* im Verse nur im ersten Teile (3 mal) vorkommt, dagegen sonst immer *fu*, macht es wahrscheinlich, daß die Form *fut* für den ersten Teil die übliche war, während für den zweiten Teil, der nur *fu* schreibt, dieses die gewöhnliche Form ist. Dazu kommt, daß *t* in — *at* im zweiten Teile gefallen ist (Warnecke, p. 33), während der erste Teil nur Wörter mit — *a(t)* unter einander reimt. Demnach würde nichts der Annahme entgegenstehen, daß für den zweiten Teil in den Perfektis auf — *it* (mit Ausnahme von *vit*), in *fut* und in den Formen auf — *at* das *t* gefallen sei, aber beweisen läßt sich das an der Hand der vorhandenen Reime allerdings nicht (vgl. über diese Frage Suchier, Reimpredigt, p. XXI ff.). — Die aus dem ersten Teile für die Erhaltung des *t* im part. perf. angeführten Reime erscheinen in Anbetracht der unsicheren Überlieferung um so bedenklicher, als die Besserung sehr leicht ist:

v. 1847. Et si m'escoute un sol petit   vielleicht Et si m'escoute un sol petit
Par cest païs a l'on banit   Par cest païs *si* l'on banit
v. 2469. Et du bries que il a gerpi   vielleicht Et du bries que il *la gerpit*
Et com li rois trova l'escrit   Et com li rois trova l'escrit,
wodurch hier die ganze Erzählung in das Perfekt zu stehen kommt.

Foerster weist (Erec und Enide, p. XXIV) darauf hin, daß Berol die Deklinationsregeln nicht beachte und daher später als Thomas zu setzen sei. Diese Bemerkung, der auch ich mich insoweit anschließe, als Berol jedenfalls nicht früher als Thomas anzusetzen ist, trifft besonders für den ersten Teil zu, und es ist hier wiederum eine anglonormannische Eigentümlichkeit (vgl. Suchier, Reimpredigt, p. XVII), die besonders hervortritt, nämlich der Gebrauch des *os*. für den *ns*. (einschließlich des Feminina 16 mal im ersten gegen 5 mal im zweiten Teil). — Endlich könnte noch die Behandlung des Reimes für die Beurteilung des Verhältnisses beider Teile zu einander in Betracht kommen. Allerdings ist der zweite Teil anscheinend hierin nachlässiger als der erste, aber an den meisten Stellen ist es garnicht zweifelhaft, daß diese Nachlässigkeit der Überlieferung zur Last fällt, vielleicht auch nur ein Versehen des Michelschen Druckes ist. Warnecke zählt eine ganze Anzahl Stellen auf, ohne dabei zu bemerken, ob dieselben dem Dichter oder dem Copisten zuzuschreiben sind. Daß das letztere wahrscheinlich, wo nicht sicher, wird eine kurze Betrachtung der betreffenden Stellen ergeben (vgl. Warnecke, p. 56): Der Gegenreim fehlt: v. 1912, den Gegenreim giebt v. 1913, wodurch zugleich von den drei Reimen v. 1913—15 der erste wegfällt:

v. 1910. Li rois a fait sa sele metre,   Que Tristan fist qant il l'ot *pris*
S'espée caint, sovent regrete   Iseut la bele, o le cler vis,
A lui tot sol la *cortoisie*.   O qui s'en est alé fuitis.

Liest man *prise*, so haben wir einen ungenauen Reim *cortoisie : prise*, vielleicht heißt es aber ursprünglich *qant li otrie*. — v. 4174 kann fehlen, ist sogar eine höchst unnötige

Wiederholung, während an den übrigen von Warnecke angeführten Stellen ein Vers zu fehlen scheint, der sich wahrscheinlich für v. 3905 in dem an seiner jetzigen Stelle überflüssigen v. 3912 findet.

Von den Stellen, wo der Reim sich auf 3 Verse erstreckt, erledigen sich v. 1913—15 und 3910—12 durch das oben Gesagte; die Verse 1798 (Wiederholung von v. 1796), 2284 können fehlen, 4025—4027 scheinen verschrieben infolge des Umstandes, daß 4028 ¹) wohl dasselbe Wort wie v. 4027 im Reime hatte:

v. 4025. Ne tant ne quant nes connoisson: | Brochons a eus, si les *prenons*.
Or nos tienent il por bricons. | Quis nos porra, fait li rois, *prendre*

lies: Brochons a eus, *ses poons prendre* (vielleicht dann im nächsten Verse *rendre*).

Die Stellen, an denen das Reimwort mit dem folgenden Verse nicht reimt (v. 2421, 2461, 3210, 3228, 3550, 4267), sind fast alle so leicht zu bessern, daß man vermuten muß, daß einige auf einem bloßen Verlesen der Handschrift beruhen:

v. 2421. Il decent jus, entre en la *vile*, Les gaites cornent a mervelle; lies: *velle* = am Abend.

v. 3210 hat wahrscheinlich dasselbe Reimwort wie v. 3211 anstatt des unverständlichen *inde:*

Ou se il vollent loi de *juise*, Ja nen voudront loi de juise

v. 3228. Roi, por ce est biens devant *en isent* | lies: Roi, por ce est biens devant *eus soit*
Faiz li deraisne de mon droit. | Faiz li deraisne de mon droit.

vgl. v. 3220. Por ce m'est bel que cil i soient Et mon deresne a lor eulz voient

v. 3550 fehlt das Reimwort.

v. 4267. Se gel vos mostre, grant avoir
En doi avoir, quant le vos *ratin*. | lies: En doi avoir, quant le vos *rent* (rendre
Nomez l'avoir. Un marc d'argent. | = faire connaître).

Schwierig scheint nur v. 2461:

Quant el le vit venir, lor prie Que il i fist ne fu pas *pole*

vielleicht ist zu lesen: Qu'il i fist, ne fu pas *polie* (= *gracieuse*).

Die obige Zusammenstellung beweist am besten, wie vielfach verderbt der uns überlieferte Text ist und wie vorsichtig wir in unseren Schlüssen sein müssen. Dennoch glaube ich genügend sichere Unterschiede zwischen dem ersten und zweiten Teile des Textes konstatiert zu haben, um zu zeigen, daß nur der erste Teil Berol angehört und daß die Verknüpfung beider Teile das Werk des Compilators unserer Handschrift ist. Die unterscheidenden Merkmale des ersten Teiles führen außerdem zu dem Schlusse, daß der Verfasser desselben, Berol, ein Anglonormanne ist, während der zweite Teil von einem Normannen des Kontinents geschrieben ist.

Was die Zeit der Abfassung anlangt, so ist der zweite Teil jünger als der erste; dafür spricht der Umstand, daß der Abfall des *t* in der Conjugation anscheinend weiter fortgeschritten ist und daß *s* und *z* im Reime nicht geschieden sind. Der erste Teil ist aber jedenfalls nicht früher anzusetzen als das Gedicht des Thomas; die Vernachlässigung einzelner Consonanten im Reime (Warnecke, p. 56) und das weitere Umsichgreifen der Elision in den Verbalformen auf — e (= *et* lat. — at) machen es im Gegenteil wahrscheinlich, daß Berol später schrieb als Thomas, bei welcher Annahme die Ansicht Warneckes, der das

---

¹) Bei Warnecke durch einen Druckfehler v. 4018.

betreffende Fragment dem letzten Viertel des 12. Jahrhunderts zuweist, sich durchaus bestätigt fände.

Ist nun die Verknüpfung der beiden Teile des sogenannten Berolfragmentes das Werk des Compilators der betreffenden Handschrift, so ist es nicht unwahrscheinlich, daß derselbe auch den ersten Teil mit Einschiebseln nicht verschonte. Als eine solche Interpolation haben wir bereits oben aus sprachlichen Gründen v. 551—565 bezeichnet. Auf eine sehr auffallende Stelle macht Golther aufmerksam (a. a. O., p. 76): „eine sonst unerhörte Persönlichkeit ist Tristans Oheim Got (v. 345). Er spielt nur die sehr untergeordnete Rolle eines Vertrauten Tristans und kommt nirgends mehr vor." Es ist ein merkwürdiges Zusammentreffen, daß die vorhergehenden Verse v. 341 ff. sprachliche Eigentümlichkeiten zeigen, die sie dem Compilator zuzusprechen scheinen: mal : loial v. 343 (der einzige Reim, der — alem = — al im ersten Teil zeigt, während es im zweiten Teil Regel ist s. o. p. 18) und tex : Dex v. 341. Unterstützen hier sprachliche Gründe die Annahme, daß die Stelle nicht Berol selbst angehört, so läßt sich für eine andere Stelle, bei welcher Muret (Rom XVI, p. 334) die Frage aufwirft: „Peut-être cet épisode est-il interpolé?", nämlich die Stelle, wo Gouvernal den einen von den drei Hauptfeinden Tristans tötet, nichts derartiges anführen [1]). Da sich ausserdem im ersten Teile keine dieser Episode widersprechende Stelle findet, so sehe ich keinen Grund, dieselbe Berol abzusprechen. — Dasselbe gilt von den übrigen Episoden des Waldlebens der Liebenden, so daß wir in den vielfachen Wiederholungen, den Scenen, die sich als Einzelerzählungen ohne Schaden für den Zusammenhang herausschälen ließen, wohl das eigenste Werk Berols zu sehen haben, sei es daß diese Episoden auf eigener Erfindung des Dichters oder auf ihm bekannten lais beruhen. Ist doch die Schilderung dieses Lebens in der Wildnis geradezu charakteristisch für die dichterische Eigenart der verschiedenen Bearbeiter. Bei dem gefühlvollen Gottfried von Straßburg und wohl auch bei Thomas (vgl. Novati a. a. O., p. 423), dem „Dichter aller Liebenden", führen Tristan und Isolde ein Wunschleben; der kühl verständige Eilhart bleibt offenbar in der Schilderung des harten, entbehrungsvollen Lebens der älteren Version seiner Vorlage treu, auf die er sich gerade an dieser Stelle beruft [2]). Auch Berol beruft sich hier auf das Buch, da er die Geschichte geschrieben fand [3]), aber sein leidenschaftlicher, energischer Sinn verweilt hauptsächlich bei den Gefahren, die den Liebenden von Marke und von den Feinden Tristans drohen, von den „felon que Deu cravent." Gleich dem gehetzten Wilde irren die Liebenden im Walde umher, jeden Tag legen sie ihr Haupt an einer anderen Stelle auf das einfache Blätterlager nieder [4]). Der treue Hund Husdent soll den troi felon dazu dienen, den verhaßten Tristan aufzufinden, aber ihre List wird durch die Klugheit Isoldes, auf

---

[1]) Auffallend ist allerdings amedoi : esquoi v. 1641, während sonst nirgends ui : oi (= ei) reimt, aber ich möchte dem um so weniger Bedeutung beilegen, als der Zusammenhang es wahrscheinlich macht, daß die Lesart verderbt ist, während dem Sinne durchaus entsprechen würde: Endormi erent amedoi ; Guvernal ert en un estui (Guvernal war in einem Versteck). Der Schreiber las statt des selteneren Wortes das häufig vorkommende eskei, das er nach seiner Schreibweise in esquoi umänderte, indem er zugleich für amedui — amedoi schrieb. [2]) E. v. 4659 ff.: Tristrant und die koningin | und Karneval der knape sin | ledin [alle dri] grözin kummer | swer nû sulchin hunger | ein jâr solte liden | (ich kan des nicht vorswigen) | he muste wesin hungers tôt | . . . doch sô sagit uns daz bûch | und auch die lûte vor wâr | daz sie mêr denne zwei jâr | in dem wilden walde lâgin. [3]) Ne si comme l'estuire dit | Lou Berox le vit escrit | Nule gent tant ne s'entramerent | Ne si griement nu compererent. [4]) v. 1603. En un leu n'ose remanoir | Dont lieve au main ne gist au soir.

deren Rat Tristan den Hund ohne Geläut jagen lehrt, vereitelt [1]), und einer der troi felon selbst wird von Guvernal getötet. Die ursprüngliche Version dieser Episode scheint Eilhart uns erhalten zu haben: Tristan hört den Hund, den der Knappe Markes, der ihn töten soll, aus Mitleid hat laufen lassen, mit lautem Geläut heranjagen und spricht hier nur als Verdacht aus, was Berol zur That werden läßt:

v. 4409. nû mûze wir schiere tôd sin, wen ich hôre den brakin mîn.
dâ mit sport man uns nâ.

Tristan will sein Leben teuer verkaufen:

v. 4425. swer sô zu vorderôst jagit, wen he kumt dâ her gedrabit:
den habe ich schîre an gerant.

aber der treue Kurnevâl überredet ihn, mit Isolde tiefer in den Wald zu flüchten, während er selbst den braken und den ihm vermeintlich folgenden Feind Tristans erwartet:

v. 4455. in vil zorniglichem mûte hilt er bî einem boime
und nam vil rechte goime, wâ he den brakin hôrte.
he gedachte, swer in vûrte, dem wolde er gern ein dinst tû.

Auch bei Berol verrät das Geläut der Hunde den jagenden Feind Tristans, den Guvernal im Hinterhalt erwartet:

v. 1642. Governal ert en un esquoi *(estui?)*, Oï les chiens par aventure.
v. 1658. Guvernal s'acoste a un arbre — Eilh.: hilt er bei einem boime.

So gewinnt es fast den Anschein, als sei diese Episode eine Umformung der ursprünglichen Husdentepisode, wie sie uns Eilhart erzählt. Daß diese Umformung, wie überhaupt die von Eilharts Überlieferung abweichenden Episoden des Waldlebens, Berols Werk sind, scheint auch daraus hervorzugehen, daß die andern Versionen diese Episoden in der Berol eigentümlichen Form nicht kennen. Den Stoff zu denselben lieferten ihm wahrscheinlich die Erzählungen jener contor, denen er sich an anderer Stelle (am Schluß der Aussätzigenscene) ausdrücklich gegenüberstellt. Welcher Art die schriftliche Quelle gewesen ist, aus welcher Berol geschöpft hat (v. 1753, ne si comme l'estoire dit, lou Berol le vit escrit), darüber lassen sich allerdings nur Vermutungen aufstellen. Golther hat (p. 81) die Vermutung, welche Heinzel [2]) in Bezug auf den die Flucht der Liebenden, Waldleben und Rückkehr enthaltenden Teil des Gedichtes (nach Heinzel Lied VI) ausspricht, daß „Berol nach einer Quelle von schon künstlerischer Gestalt arbeitete" auf die ganze Sage übertragen; ob mit Recht, scheint mir zweifelhaft. Wir besitzen von Berols Bearbeitung nur etwa 2700 Verse; über den Inhalt des verloren gegangenen bei weitem umfangreicheren Teiles sind wir auf Mutmaßungen und Schlüsse teils aus Berol selbst, teils aus dem Berner Manuscript der Folie Tristan angewiesen, die uns nur ein allgemeines Bild der Berolversion geben, ohne daß wir wüßten, wie der Dichter diese Episoden im Detail behandelt hat. Wollen wir aber in Bezug auf die Quelle Schlüsse ziehen aus dem uns erhaltenen Fragmente, vor allem aus der oben besprochenen Episode des Waldlebens, so können wir nach dieser an einzelnen Stellen seltsam konfusen, an Wiederholungen reichen Erzählungsweise kaum

---

[1]) Dieser Zug, der sich auch im Prosaroman findet, beruht wohl, ebenso wie die Berol allein angehörende Erwähnung des Bogens Qui ne faut, auf einer der zahlreichen Erzählungen, die über Tristan als Jäger im Schwange waren; vgl. Hertz (p. 501), der Tristan als Jäger den „echten Vertreter seiner keltischen Race" nennt. [2]) Zeitschrift für deutsches Altertum 14 N. F. 2, p. 317.

— 24 —

auf eine schriftliche Quelle von schon künstlerischer Gestalt schließen, wir müßten denn annehmen, daß Berol den festen Plan dieser Vorlage durch seine Interpolationen verwirrt habe, während doch umgekehrt anzunehmen ist, daß Berol eine möglichst einheitliche Darstellung versuchte, daher auch in Einzelheiten seiner Vorlage kritisch gegenübertrat, im großen und ganzen aber in der Wahl und Anordnung des Stoffes nicht so kritisch zu Werke ging wie Thomas. Nach Golther (p. 81) ist „Berol ein durch einzelne, aber wohl nur wenig tief greifende individuelle Eigenschaften ausgezeichneter Dichter gewesen, welcher die bereits vorhandene und ziemlich ausgebildete Spielmannsversion der Tristansage verarbeitet hat"., Diesen Ausdruck hat Golther später (Z. f. vgl. Literaturgesch. N. F. 3., 1890, p. 216) dahin erläutert, daß er darunter diejenige Gestalt der Sage versteht, welche dieselbe durch anglonormannische fahrende Dichter erhalten hatte. Danach scheint also auch Golther jedenfalls eine einheitliche künstlerische Behandlung der Tristansage als Vorlage Berols nicht anzunehmen. Wohl aber kann der Dichter sich auf eine Compilation jener Spielmannsdichtungen gestützt haben, die offenbar auch auf dem Kontinent Verbreitung fand, da auch die Vorlage Eilharts auf sie zurückgeht. Mit dieser hat sich, wie bereits oben erwähnt Muret eingehend beschäftigt [1]) und ist zu dem Schlusse gelangt, daß die Vorlage Eilharts das Werk eines nordfranzösischen Dichters sei, vielleicht des in einer Handschrift der Arsenalbibliothek genannten li Kievre (La Chievre im Renart) [2]). Beweise hierfür lassen sich natürlich nicht beibringen, wohl aber scheint mir nach Murets Abhandlung kein Zweifel mehr darüber zu bestehen, daß Eilharts Vorlage dem Kontinent angehört. Vor allem spricht dafür die Rolle, die Andret spielt, den auch der zweite Teil des Berolfragmentes kennt, welcher ja ebenfalls dem Kontinent angehört [3]). Für die Annahme einer nordfranzösischen Vorlage Eilharts macht Muret (p. 350) außer der Form Isalde (= frz. Isalt, Isaut) noch den Namen der Begleiterin Brangänes geltend, Gymêle von der Schitriêle, worin W. Scherer eine Gymêle vor der chit (= Stadt) Riêle vermutet. Zur Stütze dieser Conjektur möchte ich darauf hinweisen, daß der Roman de Palamède einen Ritter Hervi de Rivel kennt [4]).

Während Heinzel in Berol nur den Dichter einzelner Lieder sehen will, bemerkt Golther, daß auch ohne das Zeugnis des Bernerliedes [5]) das Fragment eine Gesamtbearbeitung des Stoffes voraussetzt, als deren Bruchstück wir es anzusehen haben. Eine andere Frage ist die, ob Berol das Gedicht vollendet hat. Unmöglich wäre es nicht, daß er gleich unserm deutschen Meister Gottfried das Gedicht unvollendet hinterlassen und daß wir dann in dem zweiten Teile des Fragmentes einen Versuch der Fortsetzung des Berolgedichtes zu sehen hätten, wobei der Verfasser, ein normannischer Spielmann, gerade so falsche Wege wandelte, wie die Fortsetzer Gottfrieds von Straßburg. Hat doch auch Heinrich von Freiberg die Episode von der Verurteilung und Flucht der Liebenden dem Werke Gottfrieds hinzugefügt, welche durch die Episode des Reinigungseides ausgeschlossen ist, und genau umgekehrt verfährt der Verfasser des zweiten Teiles des Berolfragmentes [6]) Ich möchte diese Möglichkeit hier nur unter aller Reserve angedeutet haben, zumal es für die Beurteilung des Verhältnisses der verschiedenen Tristanversionen zu einander ganz unwesentlich ist, ob das Berolfragment auf die eben angedeutete Weise seine

[1]) Romania XVI, p. 288 ff. [2]) a. a. O., p. 362. [3]) Vgl. Muret, a. a. O., p. 321 ff. Der Andrez, der sich beim König für Tristan verwendet — v. 2835, Andrez qui fut nez de Nicole — kann kaum derselbe sein. Auffallend ist, daß auch er aus Nicole (Lincoln?) gebürtig ist, wie der Schmied Goudri im Prosaroman, der von Tristan aus Anhänglichkeit nach dem Festlande folgt, vgl. Löseth 535a. [4]) Vgl. Löseth an den unter dem Namen Hervi angeführten Stellen. [5]) a. a. O., p. 94. [6]) Vgl. Golther a. a. O., p. 86.

jetzige Gestalt gewonnen oder ob der Compilator der Handschrift erst jene beiden heterogenen Teile mit einander verknüpft hat.

Wir wenden uns nun der Betrachtung des Prosaromans zu, von welchem die Bibliothèque Nationale in Paris 24 Handschriften und 6 Drucke besitzt. 6 Handschriften enthalten den Roman vollständig mit nur geringen Lücken, die übrigen mehr oder weniger lange Teile. Man weiß jetzt durch die mit einem wahren Bienenfleiße ausgeführten Untersuchungen Löseths, daß wir zwei Versionen zu unterscheiden haben: die erste und bessere umfaßt nur den zweiten Teil des Romans und ist in 6 Handschriften erhalten, die zweite („la version cyclique ou commune") findet sich in allen übrigen Handschriften. Der letzteren folgt auch die Handschrift 103 und die Drucke, welche alle sich an eine der Handschrift 103 sehr nahe stehende Handschrift anschließen. Übereinstimmung herrscht unter den Handschriften im großen und ganzen bis zu dem Punkte, wo Tristan und Kahedin sich nach Cornwall begeben, um Isolde zu sehen [1]). Während hier zwei Handschriften sich weiter mit den Abenteuern Brunors, des Sohnes des chevalier sans peur, beschäftigen, kehren die übrigen ebenso wie die Drucke zu Tristan zurück, um dessen Reise und Abenteuer im verzauberten Walde von Darnantes zu schildern. Die Abenteuer Brunors werden dann in diesen Handschriften und den Drucken nach der Erzählung von den Abenteuern Tristans und Kahedins am Hofe Markes in kurzem rekapituliert. Die nun folgenden Abenteuer Tristans erscheinen in der zweiten Version vielfach gekürzt, während andererseits die Erzählung von der Reise Markes nach Logres mit mancherlei Abenteuern ausgeschmückt ist, die den König stets von der lächerlichen Seite zeigen. Löseth sieht in diesen komischen Abenteuern mit Recht die Arbeit eines späteren Compilators. Ganz besonders tritt aber die Überlegenheit der ersten Version hervor in der Erzählung der Episoden, welche auf die Versöhnung Markes und Tristans durch Artus folgen. Denn während die erste Version die Abenteuer der Überfahrt und die Liebesabenteuer Tristans und Isoldes nach der Rückkehr Tristans an Markes Hof schildert, u. a. auch die Unterredung im Baumgarten und die Entdeckung der Liebenden, erzählt die zweite zunächst, was am Hofe Arturs vorgeht, sodann von dem Briefwechsel zwischen Marke und Artus, dem Einfall der Sachsen in Markes Reich, deren Anführer Helyas von Tristan besiegt wird [2]), von dem Harfner, der das von Dinadan gegen Marke gedichtete lai vorträgt und von Marke, der in Tristan den Urheber sieht, verjagt wird. In beiden Versionen wird Tristan von Marke zweimal gefangen gesetzt und zieht endlich mit Isolde nach Logres. In der Angabe darüber, wie und durch wen Tristan befreit wird, weichen beide Versionen von einander ab, und Löseth giebt die Möglichkeit zu, daß hier die zweite Version — besonders in der Erzählung von der Empörung der Bewohner von Loenois — die älteste Fassung bewahrt habe. Immerhin sei auch hier die erste Version klarer, ihre Darstellung zusammenhängender, wie denn auch in ihr allein die Abenteuer der Liebenden auf ihrer Meerfahrt erzählt werden. In die Erzählung vom Aufenthalt der Liebenden im Schlosse Joyeuse Garde [3]) schiebt die

---

[1]) Nur Handschrift No. 103 und die Drucke bieten eine größere Variante, indem sie den Kampf mit dem Drachen erzählen, und zwar bei dem ersten Aufenthalt Tristans in Irland, der sich in 103 auch den Namen Tanstris beilegt; ebenso, mit dem Text von 103, die Handschrift 3357 des Arsenal, welche nur den ersten Teil des Tristan erzählt, vgl. Löseth, p. 478. [2]) Löseth sieht mit Golther in diesem Zweikampf eine Wiederholung des Kampfes mit Morold. [3]) Man ist um so mehr versucht hierin eine Wiederholung des Waldlebens zu sehen (vgl. Golther, p. 62), als die „obligaten Turniere" nicht der ursprünglichen Version anzugehören scheinen.

zweite Version das große Turnier von Louvezerp ein (nach Löseth das Werk eines späteren Redaktors, der Tristans Ruhm noch zu vergrössern wünschte), während die erste Version sogleich zu einer allerdings gekürzten Erzählung von der Suche nach dem Graal übergeht. Leider hört damit zugleich auch die erste Version in der Handschrift 757 auf, die nun (von Fol. 99 an) der allgemeinen Version folgt. Daß wir in diesem zweiten Teile von 757 eine spätere Redaktion zu sehen haben, zeigt die Anspielung auf ein Ereignis, das der in dem ersten Teile enthaltenen ursprünglichen Redaktion fremd ist, nämlich den Einfall der Sachsen in Cornwall und den Kampf Tristans und Helyas (vgl. Löseth, pp. 277, 287). Die spätere Interpolation wird unzweifelhaft dadurch, daß diese Handschrift wie alle anderen die Weissagung der Fee Morgain (Löseth 191) kennt und verheißt, den Tod Tristans infolge einer von Marke erhaltenen Wunde zu erzählen (Löseth 270). In der Erzählung von dem Tode Tristans und Isoldes weichen alle Handschriften bis auf 103 (auf welche die Drucke zurückgeben, s. o.) von den dichterischen Bearbeitungen ab (vgl. Hertz, p. 557). Dagegen hört dieser Teil in 103 der Berol-Eilhartversion an, wie Bédier (Rom. XV, p. 481 ff.) nachgewiesen hat, und geht auf eine dieser sehr nahestehende Kompilation zurück, wie die zum Teil wörtliche Uebereinstimmung mit Eilhart beweist (vgl. auch Golther, p. 62 ff.). Daß der Redaktor dieser Handschrift aber nicht nur einen Teil dieser Kompilation, sondern wahrscheinlich die ganze Kompilation kannte und daraus ihm besonders interessant erscheinende Episoden interpolierte, dafür spricht der Umstand, daß nur diese Handschrift den Drachenkampf kennt. Damit erklärt es sich dann auch, daß dieser gelegentlich der ersten Reise Tristans, nach Irland erzählt wird. Denn nur hier erscheint eine solche Interpolation einigermaßen motiviert. Tristan will Isolde durch den Kampf mit dem Ungeheuer gewinnen — wobei der Redaktor der Handschrift 103 allerdings unbeachtet läßt, daß Tristan nach der von ihm im allgemeinen befolgten älteren Version des Romans ein Anrecht auf Isoldes Hand schon durch den Sieg im Turnier über Palamedes gewonnen hat. Ganz losgelöst aus dem Zusammenhang würde dagegen der Drachenkampf bei Gelegenheit der zweiten Reise dastehen, da Tristan nach der Erzählung des Romans schon vor der Ankunft in Irland — in Logres — die Freundschaft von Isoldes Vater und das Versprechen eines Geschenkes (Isoldes Hand für Marke) gewonnen hat (vgl. Löseth, 36 ff.).

Nach Löseth enthält der Roman drei Elemente: die alten Erzählungen von Tristan, die Ritterromane und die Erfindungen der Verfasser des Romanes. Am leichtesten ist selbstverständlich das zweite Element auszuscheiden, das besonders im zweiten Teile die Hauptmasse der Erzählung bildet. Einzelne Romane, wie die Queste du saint Graal, sind fast in extenso interpoliert, aus anderen sind mehr oder weniger Abenteuer entlehnt, so aus den Prophecies de Merlin, dem Palamède, der Mort Artu u. a. Für viele Episoden ist die Quelle, aus der der Romanschreiber schöpfte, nicht mehr vorhanden; doch lassen in manchen Fällen gewisse Anzeichen auf das Vorhandensein eines bezüglichen Romans schließen. So macht es Löseth wahrscheinlich, daß ein Roman de Brunor existirt habe, aus dem die Verfasser des Tristan die Abenteuer dieses Helden geschöpft (Löseth, p. XIII, Anm. 2), und eine Geste des quatre fils de Polinor, aus der alle Handschriften des Tristan die Erzählungen über die Abenteuer Lamorat's und seiner Brüder entlehnt hätten (a. a. O., p. 213 Anm. 3). Das dritte Element, die Erfindungen der Romanschreiber, ist sehr verschiedener Art. Teils sind es Nachahmungen von Episoden aus anderen Romanen, wie Löseth eine Reihe solcher Nachahmungen von Episoden aus Chrestiens Chevalier au lion anführt (a. a. O., p. XXV). Auch von den lais über Tristan, welche neben der eigentlichen Tristansage entstanden waren, wurde wahrscheinlich dieses und jenes von dem Compilator benutzt, so z. B. für die Episode la Franchise Tristan (a. a. O., p. 51). Auf die Einführung des Inhalts des lai du corn von Robert Bikez hat schon Golther (p. 20) hingewiesen (vgl. Löseth, p. 39). Teils sind es Entlehnungen aus der Märchen- und Novellenliteratur, wie der treue Hund, der seinem Herrn ein Grab gräbt, das er nicht verläßt; die Feenkönigin, die Meliadus im Turme hält, während er die Erinnerung an seine Frau verloren hat (vgl. unsere Frau Venus und Tannhäuser); die Geschichte von der bösen Stiefmutter, die Tristan, dem Sohne aus erster Ehe, nach dem Leben steht; die Josephlegende: Tristan von der Tochter Pharamonts fälschlich beschuldigt; die Wahl zwischen zwei zum Tode Verurteilten, die in der Vorgeschichte und in der Geschichte Tristans selbst vorkommt. Auch die antike Sage ist in Contribution gesetzt. So ist in der Geschichte der Ahnen Tristans die Oedipussage deutlich zu erkennen: Thanor heiratet Chelinde, die Frau Sadocs, der für tot gilt. Er träumt, daß er von einem Löwen verschlungen wird, während er einen Leoparden verfolgt, den der Löwe ebenfalls tötet. Ein „Philosoph", ein Abkömmling Vergils, sagt ihm, daß der Sohn Chelindes ihn töten werde, während er Sadoc, der nicht tot ist, verfolgt. Chelindes Sohn wird ausgesetzt, von Nicorant und Madule gerettet und erzogen. Er tötet später Thanor und seinen Vater Sadoc und heiratet seine Mutter. Überhaupt ist diese Geschichte der Ahnen Tristans besonders lehrreich für die Arbeitsweise des Romanschreibers, der hier ein höchst buntes Mosaik aus sagenhaften Stoffen der alten und neueren Zeit, geschichtlichen und biblischen Reminiscenzen, untermischt mit Kämpfen mit Riesen und Liebesabenteuern zusammenstellt. Häufig leitet ihn dabei offenbar der Wunsch, die in der eigentlichen Sage erzählten Thatsachen zu erklären, ihnen sozusagen einen geschichtlichen Boden zu schaffen. Thanor, König von Cornwall, erhält von seinem Lehnsherrn, dem schwachen König Childeric von Frankreich, keine Hilfe im Kriege gegen Pelyas, den König von Leonois. Er gewinnt die Unterstützung des Königs Gonosor von Irland, dem er dafür einen Tribut verspricht. Nachdem Pelyas gefallen, macht man Frieden, aber die Bewohner von Cornwall zahlen ihren Tribut weiter. „Das dauerte 200 Jahre, bis Tristan, der Neffe des Königs Marke von Cornwall, den Morhout auf der Insel Saint-Sanson tötete". Gloriande, Königin von Leonois, erklärt auf Befragen ihres Gatten, daß eine Ehebrecherin verdiene verbrannt zu werden, und wird damit die Urheberin der Strafe, zu der später Isolde von ihrem erzürnten Gatten verurteilt wird. Dasselbe Bestreben, die später erzählten Ereignisse vorzubereiten, zeigt sich in den häufig wiederholten Weissagungen und Verkündigungen, die sich auf das Schicksal, meist auf den Tod, der Hauptpersonen beziehen. Die Tochter Pharamonts, Belide, deren zärtliche Liebe Tristan nicht erwidert, spricht in dem Briefe, den sie vor ihrem Tode an Tristan richtet, den Wunsch aus, er möge eines Tages ebenso leiden wie sie. Der Ruhm Tristans wird vorhergesagt durch Merlin und den Zwerg des Königs Marke. Morolt hält sich als Pharamonts Hof auf und spricht zu dem König von Tristans Schönheit; der Narr des Königs verkündet ihm, daß er von der Hand dieses Jünglings sterben werde. Morgain, deren Freund Huneson im Kampfe mit Tristan fällt, verkündet, daß Tristan von derselben Lanze fallen werde, mit der er ihren Geliebten getötet. Häufig sind die Hinweise auf das, was später werde erzählt werden, wobei es auch wohl geschieht, daß die versprochene Erzählung ausbleibt, ohne daß wir — wie in der Handschrift 103 betreffs der Erzählung des Todes Tristans — einen andern Redaktor dafür verantwortlich machen könnten. So heißt es bei der Erzählung von Meliadus Tode, der von der

Hand zweier Ritter des Grafen von Norhout fällt: „Eine Wahrsagerin hatte vorausgesagt, daß die Erben von Norhout von Meliadus oder dessen Geschlecht würden getötet werden. Und in der That, Tristan tötete später den Grafen von Norhout und vernichtete dessen ganzes Geschlecht". Keine der Handschriften erzählt aber von dieser Vaterrache, die in Gottfrieds Gedicht einen so hervorragenden Teil der Erzählung bildet [1]). — Mehr noch als in den poetischen Bearbeitungen gefallen sich die Verfasser des Prosaromanes in Wiederholungen derselben Episode. Dahin gehören: comment Tristan fut amoureux de la femme de Segurades, wo Tristan ebenfalls durch die blutende Wunde verraten wird (vgl. Golther, p. 54); der Zweikampf Tristans mit Helyas (= dem Kampf mit Morold, s. o., p. 25); die Entführung Isoldes durch Marke aus dem Schlosse Joyeuse Garde (= derselben Scene aus dem Waldleben). Endlich gehören der Erfindung des Compilators die zahlreichen Turniere und Abenteuer an, die oft ohne jeden Zusammenhang eingeflochten zugleich dem Geschmack der Zeit Rechnung tragen und den Ruhm des Helden erhöhen. Daß hierin ein Redaktor oft noch mehr als die anderen leistete, haben wir bereits oben bei Besprechung der zwei Versionen des Romans gesehen (p. 26). Die Frage nach dem dritten Elemente des Romans, den alten Tristanerzählungen, führt uns zugleich zur Frage nach dem mutmaßlichen Inhalt der Quelle desselben. G. Paris hat (Romania XV, p. 602) die Vermutung ausgesprochen, daß dem Romane das verloren gegangene Gedicht des Chrestien von Troies zu Grunde liege. Dafür spricht der Umstand, daß in diesem Gedichte der Zweikampf mit Morold ebenfalls auf der Isle Saint-Sanson stattfindet [2]). Dagegen muß ich andrerseits Löseth zustimmen, wenn er seine Zweifel darüber ausspricht, ob Chrestien wohl die dramatischere Erzählung der übrigen Tristangedichte von dem Tode Tristans und Isoldes würde aufgegeben haben [3]); denn wenn die andere Erzählung auch ohne Zweifel der ältesten Version des Romans angehört, so läßt sich doch kein Beweis dafür erbringen, daß wir in ihr eine alte Tradition vor uns haben, wie dies Muret andeutet [4]). Überdies halte ich es für wahrscheinlich, daß die innige Verbindung, in der Tristan im Roman mit Artus und der Tafelrunde erscheint, bereits einen wesentlichen Zug der Quelle desselben bildete, was in dem Gedichte Chrétiens wahrscheinlich nicht der Fall war [5]). Endlich möchte ich noch einen Punkt hervorheben, der bisher nur bei Novati (a. a. O., p. 411) Beachtung gefunden hat, das ist der Titel des Gedichtes, wie ihn Chrestien selbst im Eingang des Cliges giebt: Del roi Marc et d'Iseut la Blonde. Sind wir danach ohne weiteres berechtigt von einem Tristan des Chrestien zu sprechen, d. h. von einem Gedichte, dessen Held Tristan ist? Warum nennt dann der Dichter an erster Stelle den König Marke, der doch in dem Romane, welcher nach G. Paris eine Prosaauflösung des Chrestien'schen Gedichtes sein soll, eine so traurige Rolle spielt? Auf die abfällige Kritik, welche die Heldin des Cliges,

---

[1]) In seltsamer Weise hat der Redaktor des Druckes (Janot) der Compilation des Rusticien de Pise diese Erzählung mit der von Morhout verquickt (Löseth, p. 471). Meliadus wird auf der Jagd getötet durch zwei Ritter aus der Verwandtschaft des *Morhout* von Irland, „venuz par le conseil du roi Marc de Cornouaille. Plus tard, Tristan tua le conte de Cornouaille et fist la cité destruyre, aussi occit le Morhout d'Irlande". Die Verwirrung ist arg, und doch kann sie durch ein einfaches Verlesen des *Norhout* der Vorlage herbeigeführt sein. [2]) Erec 1248: La ou Tristanz le fier Morhot | An l'isle saint Sanson vainqui. [3]) Löseth, p. XXV: „on ne saurait l'attribuer à Chrétien, qui n'aurait sans doute pas abandonné le dénouement plus dramatique des poèmes. [4]) Romania XVI, p. 360: „qui oserait affirmer qu'il ne se trouvât pas déjà dans le poème de Chrétien et qu'il ne représente pas une tradition ancienne?". [5]) Vgl. Löseth, p. XXV.

Fenice, an der Liebe Isoldes und Tristans übt, hat ebenfalls Novati hingewiesen [1]). In der von Gröber (Grundriß der rom. Phil., p. 430, Anm. 2) veröffentlichten Stelle aus einem Mirakel des XIII. Jahrhunderts [2]) endlich werden hinter einander aufgezählt:

    Et Chrestiens qui mout bel dist   Et Li Kievres qui rimer valt
    Quant Cleget et Percheval fist   L'amour de Tristan et d'Isalt.

Wenn nun der Tristan des Chrestien einen solchen Einfluß auf die Literatur seiner Zeit gehabt hätte, wie er ihm von einigen Forschern zugeschrieben wird [3]), wenn die zahlreichen Anspielungen auf Tristan und Isolde in der Literatur des Mittelalters wirklich größtenteils auf den Roman Chrestiens zurückgingen [4]), so wäre es doch auffallend, daß hinter Chrestien unmittelbar hier der Verfasser eines Tristanromanes aufgeführt würde, der an Popularität doch sicherlich dem des Chrestien nicht gleich gekommen wäre. Das alles scheint mir eher gegen als für die Annahme zu sprechen, daß Chrestiens Tristan dem Prosaroman zu Grunde liege. Andrerseits kann nach den bisherigen Untersuchungen kein Zweifel mehr darüber bestehen, daß der Prosaroman aus einer, der Quelle Eilharts sehr nahe stehenden Compilation geschöpft hat [5]). Ein Vergleich der Eilhart und dem Roman gemeinsamen Züge wird uns ein annäherndes Bild von dem Inhalt der gemeinsamen Quelle geben, ein Vergleich mit der Thomasversion, ev. vertreten durch Gottfried, wird diejenigen Züge erkennen lassen, die einer noch älteren, den verschiedenen Versionen gemeinsamen Tradition angehören.

1. **Tristans Eltern**: Der alten Tradition gehören an: Tristans Vater Herr von Loenois; die Mutter Markes Schwester; Tod der Mutter bei Tristans Geburt. — In *R.* und *G.* [6]) fällt Tristans Vater von der Hand eines Feindes (*R.*: Ritter des Grafen von Norhout, *G.*: Morgan), bei *E.* lebt er bis kurz vor Tristans Tod. *R.* scheint also hier der älteren Version zu folgen, er kennt auch das Motiv der Vaterrache, das er jedoch nur andeutet, ohne es wie *G.* zu einer Episode zu verwerten (vgl. o., p. 28). Warum gerade die englische Version (Thomas) dieses Motiv aus der älteren Form der Sage bewahrte, habe ich oben zu erklären versucht (p. 7). — *R.* kennt wie *G.* die Erklärung des Namens Tristan aus triste; dies könnte allerdings sehr wohl von *E.* ausgelassen sein. 2. **Tristans Jugendgeschichte**: Die Stiefmutter und die Liebe der Tochter Pharamonts (Josephlegende) gehören nur *R.* an (s. o., p. 27). *R.* und *E.*: Guvernal führt Tristan an Markes Hof, wo sie unerkannt bleiben bis zum Kampfe mit Morold. 3. **Kampf mit Morold**: Diese Episode zeigt in allen Versionen so große Übereinstimmung, daß man schon deshalb versucht ist, darin den Kernpunkt der alten Sage zu sehen, wie ja auch die Kämpfe der irischen Vikinger und der Britten den historischen Hintergrund derselben bilden. *R.* hat auch hier einen älteren Zug mit *G.* gemein: Tristan stößt sein Boot ins Meer hinaus. Aber während bei *G.* Tristan Morold erschlägt und in dessen Boot an Land zurückkehrt, eilt in *R.* Morold, tödlich verwundet — wie bei *E.* — zu seinem Boote, Tristan wird

---

[1]) Cligès 3145 ff.: Miauz voudroie estre desmanbree | Que de nos deus fust remanbree | L'amors d'Iseut et de Tristan | Don tantes folies dit l'an | Que honte m'est a raconter. [2]) Vgl. auch Foerster, Erec und Enide, p. XIII. [3]) Foerster, a. a. O.: „und ganz besonders, wie ich jetzt mit G. Paris annehmen muß, der Tristan, dessen Popularität sehr lange dauert und von dem wir andere Bearbeitungen besitzen, die uns den Verlust des Kristian'schen Tristan nur um so mehr bedauern lassen". [4]) Vgl. Sudre, Romania XV, p. 539: „Toutes ces allusions (soweit sie die Liebe Tristans und Isoldes betreffen) ou presque toutes, semblent dériver de la transformation opérée par Chrétien de Troyes ou par un autre dans l'ancienne tradition des amours de Tristan et d'Iseult". [5]) Vgl. Golther, a. a. O., p. 72. [6]) *R.* = Prosaroman, *G.* = Gottfried, *T.* = Thomas, *E.* = Eilhart, *B.* = Berol.

von Markes Leuten geholt; bei *E.* werden beide von ihren Mannen geholt [1]). 4. **Fahrten nach Irland**: *R.* und *E.:* Tristan überläßt sich auf der ersten Fahrt dem Zufall. In allen Versionen wird Tristan die Harfe mitgegeben (vgl. Golther, p. 51), und ich bin mit Golther der Ansicht, daß dieser Zug der alten Tradition angehört, jedoch nur von *T.* wirklich verwertet wurde. In *R.* wird Tristans Kunst, die Harfe zu spielen, mehrfach gerühmt und einmal erwähnt, daß er auch Isolde diese Kunst gelehrt habe, „während sie zusammen im Walde von Morois waren" [2]). — *R.* und *E.:* Heilung Tristans durch die junge Isolde. — Die erste Version von *R.* kennt den Drachenkampf nicht, also auch wohl die Vorlage nicht, da eine solche Episode schwerlich von *R.* unterdrückt worden wäre. Das Turnier, in dem Tristan Sieger ist, gehört natürlich dem Compilator von *R.* an. Die Erkennungsscene im Bade ist alte Tradition. Was die Stellung dieser Episode anlangt, so habe ich bereits oben (p. 14) bemerkt, daß ich diese für die ursprüngliche halte. Andrerseits ist ein anderer ursprünglicher Zug gänzlich aus *R.* verschwunden, daß nämlich Tristan als Kaufmann erscheint (vgl. a. a. O.). Es entspricht das aber durchaus der Tendenz des Romans, der Tristan ganz als irrenden Ritter behandelt, ihn von Turnier zu Turnier, von Abenteuer zu Abenteuer ziehen läßt und deshalb weder das Spielmannsmotiv, das er doch wenigstens andeutet, noch das Kaufmannsmotiv, das er gänzlich unterdrückt, verwerten mochte. Daher giebt sich dem Tristan bei seiner ersten Ankunft in Irland für einen Ritter aus Logres aus, und die Erlaubnis zur Rückkehr nach Irland und Isoldes Hand für Marke erwirbt er durch einen ritterlichen Kampf mit dem Feinde von Isoldes Vater. Überhaupt beruht die Darstellung der zweiten Reise nach Irland offenbar auf der Erfindung des Romanschreibers selbst und bietet gar keine Vergleichspunkte. 5. **Der Minnetrank**: Daß Brangäne, hier durch Guvernal, selbst Isolde den Trank giebt, läßt Muret unter Hinweis auf Sir Tristrem und die Anspielungen bei Berol und im Berner Manuscript vermuten, daß dies die alte — von *E.* und nach ihm von *G.* zu Gunsten Brangänes gemilderte — Fassung sei. Von einer beschränkten Wirkung — wie bei *B.* und *E.* — weiß *R.* nichts. 6. **Die Unterschiebung Brangänens und der Mordanschlag auf sie nebst alte Tradition.** Darin, daß Brangäne statt von den beiden schneeweißen Hemden von zwei Lilien spricht *(fleur de lis,* Handschrift 335 nur *une fleur),* braucht man weder „einen verfeinerten Geschmack" (vgl. Hertz, p. 530) noch „eine alte Version der volksmäßigen Dichtung" zu sehen (Golther, p. 57), da der französische Sprachgebrauch [3]) genügt, um das Wort *fleur* zu erklären, aus dem vielleicht den „schneeweißen" Hemden entsprechend ein *fleur de lis* geworden ist. — 7. **Die Entführung Isoldes durch Palamedes**, in der Muret (p. 310) und Golther (p. 58) mit Recht [4]) eine Umbildung der Episode **Rotte und Harfe** sehen, zeigt, daß *R.* diesen Zug der Thomasversion kannte, den er dann — dem Spielmannsmotiv abhold (s. o.) — in seiner Weise umänderte. — 8. **Der Verrat durch Andret**, welcher in *R.* bereits früher

---

[1]) Vgl. Muret (a. a. O., p. 303 ff.), dessen Ansicht, der tschechische Tristan habe uns hier die authentische Lesart Eilharts erhalten, ich um so weniger teilen kann, als — wie Muret selbst zugiebt — die Handschriften Eilharts an dieser Stelle sehr lückenhaft sind und nichts uns zwingt, eine Interpolation dieses Zuges in den deutschen Prosaromen anzunehmen. [2]) Diese Angabe fehlt in Handschrift 103, vgl. Löseth 84. [3]) Vgl. z. B. Romances d'Audrefroi le Bastart: „ainc m'avra, se deu plaise, cil qui en ot la *flor*"· [4]) Die Ähnlichkeiten sind schlagend: Das Versprechen Markes (in *R.* Isoldes, aber durch Marke bestätigt), Tristan setzt dem Entführer nach, die Liebenden verweilen zwei Tage in einem Schlosse (in Sir Tristrem sieben Tage in *a loghe,* einem Waldhäuschen).

in einer offenbar seiner Erfindung angehörenden Episode [1]) als eifersüchtig auf Tristan eingeführt wird, ist bis auf die Wolfseisen, welche auch *E.* — wenn auch in anderm Zusammenhange — kennt und die daher der gemeinsamen Quelle angehören, anscheinend das eigene Werk des Romanschreibers: Zunächst haben wir eine Vorwegnahme des Waldlebens Tristans — ein beliebtes Motiv in *R.* —, Tristan tötet einen Ritter von Cornwall, wie Guvernal bei *B.* den jagenden Feind Tristans erschlägt. Dann folgt der Weinbecher als Keuschheitsprobe, also der Stoff des lai du corn (vgl. o., p. 27); die Wolfseisen (eigentliche Tristansage); Hinterhalt der zwanzig Ritter (wohl eigene Erfindung des Romanschreibers); Isolde in einen Turm eingeschlossen, in den Tristan mit Hilfe Brangänes in Frauenkleidern gelangt (Motiv der allgemeinen Novellenliteratur). Die Rückberufung Tristans an den Hof ,geschieht auf den Rat Andrets, um Tristan um so sicherer zu fangen, und nicht etwa, weil Marke sich von der Grundlosigkeit seines Verdachtes überzeugt hätte. Damit hängt die Auslassung der Scene im Baumgarten zusammen, die der alten Tradition angehört und die auch *R.* kennt: sie findet sich im zweiten Teile des Romans unmittelbar nach der Rückkehr Tristans aus Logres [2]). Im Roman ist es ein Lorbeerbaum, unter dem sich die Liebenden treffen. Andret verrät diese Zusammenkünfte dem Könige, der eines Abends allein [3]), mit Schwert, Bogen und Pfeilen bewaffnet, den Baum besteigt, in der Absicht seinen Neffen zu töten, sobald er sich von dessen Schuld überzeugt haben wird. Der Mond scheint hell, und Tristan, welcher zuerst kommt, bemerkt einen Mann im Baume und errät, daß es sein Oheim ist — weder der Schatten, wie bei *G.*, noch das Spiegelbild in der Quelle, wie bei *B.* und *E.*, verrät hier den König. Als Isolde kommt, bemerkt sie ebenfalls den König und redet Tristan in strengem Tone an [4]), indem sie ihn tadelt, daß er sie aufgefordert habe zu kommen. Ebenso bei *B.* v. 4 ff.:

Sire Tristan, por Deu le roi! Si grant pechie avez de moi, Qui me mandez a itel ore.

Auch in dem nun folgenden Gespräche zeigen sich vielfache Übereinstimmungen:

R.	*B.*
Cela pourra me perdre, car les mauvaises langues de Cornouaille nous calomnient sans cesse auprès du roi. Sans doute je vous aime; je vous aimerai toute ma vie, *einsi come bone dame doit amer preude chevalier celonc Dieu et celonc l'onor de son mari.*	v. 55. S'or en savoit li rois un mot Mon cors seret desmenbré tot. v. 46. Et il ont fait entendre au roi Que vos m'amez d'amour vilaine. v. 61. Por ce qu'eres du parenté Vos avoie-je en chierté.

Tristan versichert, daß auch er nie an Isolde gedacht habe in unerlaubter Liebe (*de fole amor*), obgleich der König es nicht glauben wolle. Nicht um die Hälfte des Königreiches Logres wolle er das thun, was die Verleumder von ihm sagten. Stärker noch drückt er sich bei *B.* aus:

v. 104 ff. Ainz me lairoie par le col
Pendre a un arbre qu'en ma vie
O vos preise drueric.

Il. ne me lait sol escondire
Por ses felons vers moi sa ire,
Trop par fait mal qu'il les en croit.

Isolde fragt, warum er sie bestellt habe. Tristan erinnert sie an das Versprechen, das Marke

---

[1]) Löseth, 34. [2]) Vgl. Löseth (282), dessen Inhaltsangabe ich hier gefolgt bin. [3]) Ebenso in der Saga, Sir Tristrem und bei Berol, also wohl nach der alten Tradition, die *E.* abänderte, indem er den Zwerg mit auf den Baum steigen läßt, welchen Zug *G.* aus *E.* entlehnte, vgl. Lichtenstein, Eilhart von Oberge, Straßburg 1877, p. CI. [4]) Auch in den andern Fassungen beginnt Isolde das Gespräch. Für Sir Tristrem vgl. Kölbing, a. a. O., XCIV.

ihm bei der Rückkehr aus Logres gegeben, ihm vollständige Verzeihung zu gewähren; dennoch stelle der König ihm nach, ohne daß er den Grund seines Hasses wisse. Isolde weiß darauf keine bestimmte Antwort zu geben: Wenn Marke ihm wirklich Böses sinne, so seien daran die Verräter schuld, die ihn fortwährend beim Könige verleumden, vgl. *B.* v. 74 ff. Mais l'en puet home desveier Faire le mal et bien laisier. Si a-t-on fait de mon seignur. Tristan will nach Logres gehen. *B.* v. 175: Si m'en fuirai, n'i os ester. Isolde rät ihm noch zu bleiben: *li rois par aventure se racordera mieux qu'il na fet jus qu'a ore et vous pardonra son mautalent.* Wenn er jetzt fortgehe, würden die Verräter sagen, er habe Furcht. Tristan verspricht zu bleiben. Isolde teilt das Geschehene Brangäne mit, die sich mit ihr freut. Der König kommt, legt sich zu Bett und stellt sich schlafend. Am andern Morgen überhäuft er Andret mit Vorwürfen und untersagt ihm den Hof. — In den Hauptzügen stimmt diese Darstellung mit *B.* überein, nur daß an Stelle des Zwerges Frocin hier Andret getreten ist. Die Abweichungen erklären sich aus den ganz anderen Verhältnissen, unter denen das Gespräch stattfindet. Tristan ist nicht, wie bei *B.*, von Hofe verbannt; daher bittet er auch Isolde nicht ihn mit Marke zu versöhnen. Man hat ihm nur gesagt, daß der König ihm nachstelle; daher will er nach Logres gehen, um nicht, durch irgend einen unglücklichen Zufall *(mesaventure)* Marke zu töten. Diese Worte sind offenbar eine Drohung, die bei der Feigheit Markes (der im Roman als ein großer Poltron erscheint), gewiß ihren Zweck nicht verfehlt. Daß er Isolde nach dem Grunde von Markes Haß fragt, giebt dieser nochmals Gelegenheit über die Schändlichkeit der Verräter zu klagen. Der Zweck wird auch hier erreicht: Andret, der lästige Aufpasser, muß den Hof verlassen. — Es folgt dann in *R.* eine Episode, die in den Grundzügen mit der Erzählung Gottfrieds von der letzten Entdeckung der Liebenden (nach ihrer Rückkehr aus dem Walde) übereinstimmt. Marke reitet zur Jagd aus, Tristan entschuldigt sich mit einem Unwohlsein und bleibt zu Hause (wie bei *G.* vor der Baumgartenscene) [1]. Der König verirrt sich auf der Jagd und kehrt erst am andern Morgen nach Tintajol zurück. Die Ritter, welche bis spät in die Nacht hinein in Erwartung der Rückkehr des Königs gewacht haben, sind schließlich im Saale eingeschlafen. Der König durchschreitet den Saal, ohne sie zu stören, öffnet die Thür des Schlafzimmers der Königin mit einem Schlüssel, den Andret hatte anfertigen lassen und von dessen Existenz niemand wußte, und findet die Liebenden schlafend [2]. Außer sich vor Zorn, zieht er sein Schwert, aber in dem Augenblicke, wo er zuschlagen will, dreht sich Tristan herum. Der König, von Furcht ergriffen, entflieht. Tristan erwacht und bemerkt den Flüchtling, den er für Andret hält. Isolde, die bald darauf entdeckt, daß es Marke selbst war, warnt Tristan, der jedoch keine Furcht hegt. Da Marke Tristan nicht zu töten wagt — offenbar aus Furcht vor König Artus, der in *R.* als Beschützer der Liebenden erscheint —, so verschafft er sich von einem *fisicien* einen Schlaftrunk, durch den Tristan eingeschläfert, im Schlafe ergriffen und in das alte Gefängnis von Tintajol geworfen

---

[1] Vgl. auch die Stelle bei Berol, welche ich aus sprachlichen Gründen (s. o., p. 18) für interpoliert halte: Quar quant li rois en vet el bois Et Tristan dit: „Sire g'en voie", Puis se remaint, entre on la chambre, Iluec grant piece sunt ensemble. [2] Bei Heinrich von Freiberg spielt eine ähnliche Scene ebenfalls nach der Heirat Tristans mit Isolde Weißhand. Nachdem Heinrich seinem Vorbilde Eilhart den Aufenthalt Tristans an Arturs Hofe, die Jagd, welche Artus und seine Ritter, darunter Tristan, an den Hof Markes führt, und die Episode der Wolfseisen nacherzählt hat, läßt er — im Gegensatze zu Eilhart — Tristan am Hofe Markes bleiben. Das Liebesspiel beginnt von neuem; Marke wird argwöhnisch, schützt eine

wird. Auffallend übereinstimmend mit der oben erwähnten Episode aus *G.* sind hierbei folgende Züge: Die Entdeckung geschieht bei Tage; der König erscheint bei *G.* ganz unerwartet, in *R.* überhaupt von niemandem bemerkt; Tristan erwacht und sieht den fortgehenden König. Die Abweichungen sind teils unwesentlich: bei *G.* schlummern die Liebenden im Garten, und Tristan erkennt den König gleich, oder sie erklären sich aus der Tendenz des Romans, Marke als Feigling und Andret[1]) als den Verräter hinzustellen. Daß Tristan nach der Entdeckung bei Hofe bleibt, während er bei *G.* flieht, erklärt sich aus der Mißachtung seines Oheims, dessen Feigheit er kennt. 9. Die nach der Entdeckung folgenden Scenen: Verurteilung, Flucht, der Kapellensprung (Saut Tristan) und Waldleben stimmen in den Hauptzügen mit der Berolversion überein (vgl. darüber Golther, p. 59 ff.). Bedeutende Abweichungen finden sich, wie Golther konstatiert, in den Einzelheiten und besonders darin, daß Isolde von Marke entführt wird. Daß dieser Zug bereits der Vorlage angehörte, wird wahrscheinlich durch den Umstand, daß auch Heinrich von Freiberg diese Version kennt (a. a. O., p. 60). 10. Isolde Weißhand. Hier weicht *R.* von den anderen Versionen gänzlich ab[2]). Tristan, von einem vergifteten Pfeile verwundet, will bei Isolde Hilfe suchen, erfährt jedoch von einer Verwandten Brangänes, daß Isolde von Marke in einen Turm eingeschlossen ist. Brangäne selbst, die durch ihre Verwandte benachrichtigt wird, rät Tristan nach der Bretagne zum König Hoël zu gehen, dessen Tochter, Isolde Weißhand, ihn heilen werde. Wenn ich Golther durchaus beistimme, der diese Übertragung der Heilkunde auf Isolde Weißhand dem Romanschreiber beilegt, so glaube ich vor allem dazu berechtigt zu sein durch die Ähnlichkeit, die diese Erzählung in einzelnen Zügen mit Tristans Ankunft in Irland hat: Tristan nennt seinen Namen nicht[3]), Hoël empfiehlt den unbekannten Ritter der Sorge seiner Tochter, Tristan, geheilt, nimmt am Kampfe teil und nennt erst als Sieger seinen Namen. — Die Heirat und unvollzogene Ehe weist insofern einen Zug der Thomasversion auf, als auch *R.* von den Seelenkämpfen Tristans zu erzählen weiß: *grant est la bactaille des deux Yseltes*[4]). Wie bei *E.*, so vergeht auch in *R.* etwa ein Jahr, bis Kahedin von der Liebe Tristans zur blonden Isolde erfährt: Tristan und Kahedin reiten am Meeresufer spazieren; Tristan, der daran denkt, wie er seit einem Jahre die blonde Isolde nicht gesehen, weint und gesteht auf Kahedins Frage den Grund seiner Traurigkeit. Wir dürfen wohl annehmen, daß die sonst allen Versionen bekannte Erzählung, wonach Kahedin durch ein Scherzwort seiner Schwester den wahren Sachverhalt erfährt und Tristan zum Geständnis seiner Liebe bringt, auch der Quelle des Romans nicht bekannt gewesen ist. In *R.* ist Kahedin auch keineswegs erzürnt, ja er billigt merkwürdigerweise den Entschluß Tristans nach Cornwall zu gehen und die blonde Isolde nach Logres zu entführen, um dort den Rest seines Lebens mit ihr zuzubringen. Für den Romanschreiber ist hier offenbar der Wunsch diese Entführung, die ja wirklich stattfindet, hier schon zu verkünden, maßgebender gewesen als die Wahrscheinlichkeit seiner Erzählung. Überhaupt beginnt hier eine recht konfuse Darstellung, wohl hauptsächlich veranlaßt durch die umfangreichen Einschiebsel, gegen die der eigentliche Tristanstoff ganz in den Hintergrund tritt

---

Reise an Arturs Hof vor, begiebt sich in den Wald von Tintajol, kehrt in der Nacht zurück, gelangt durch eine geheime Thür in die Burg und entdeckt die Liebenden. Dann folgt die sonst dem ersten Teile angehörende Verurteilung u. s. w. [1]) Andret ist es, der den Schlüssel angefertigt hat. [2]) Löseth, 54. [3]) Dagegen *E.* v. 5691: ich bin geheizen Tristrant; bei *G.* wird Tristan besonders geehrt, v. 18788: Tristan, als uns daz mære seit, der was von siner manheit in al den inselen erkant. [4]) Löseth, 56.

und die für den Romanschreiber selbst den Zusammenhang verdunkelt zu haben scheinen. Nach der Rückkehr aus der Franchise Tristan (vgl. o., p. 4) erhält Tristan einen Brief von der blonden Isolde, infolge dessen er mit Kahedin abreist. Dann erfahren wir in der ersten Version des Romans ohne jede Vermittlung, daß Tristan in Tintajol in einem Turme bei Isolde und Brangäne ist, und später wird unter denen, die von Tristans Anwesenheit in Tintajol wissen, Dinas genannt [1]). Es mag also wohl die Vorlage des Romans gleich der Eilharts davon gewußt haben, daß Dinas (Tinas) Tristan und Kahedin bei ihrer Ankunft aufgenommen. Übrigens bietet der nun folgende, bei weitem umfangreichste Teil des Romans keine Vergleichungspunkte mit den poetischen Versionen außer der bereits oben zum Vergleich herangezogenen Scene im Baumgarten und der darauf folgenden Entdeckung der Liebenden. [2]) Eine kurze Angabe des Inhalts des Romans mit Ausscheidung aller bereits oben erwähnten Einschiebsel wird dies zeigen: Marke weiß von der Anwesenheit Tristans in Tintajol nichts, von Kahedin glaubt er, daß dieser ein irrender Ritter aus Großbritannien sei. Kahedin verliebt sich sterblich in Isolde, der er seine Liebe in einem Briefe gesteht. Das Antwortschreiben Isoldes, das aus Rücksicht darauf, daß Kahedin Tristans Freund ist, sehr freundlich abgefaßt ist, fällt Tristan in die Hände, der schließlich von rasender Eifersucht gequält, in den Wald von Morois flieht, wo er vor Liebesschmerz wahnsinnig wird. Isolde gebietet Kahedin bei Todesstrafe, Tintajol zu verlassen, und dieser gelangt nach mancherlei Abenteuern [3]) in die Bretagne zurück, wo er aus Liebesgram stirbt. Isolde hat inzwischen die falsche Nachricht von Tristans Tode erhalten und versucht sich mit dem Schwerte Tristans, mit dem dieser Morold erschlagen, zu töten; Marke hindert sie daran. Tristan, der mancherlei Heldenthaten im Walde verrichtet [4]), wird schließlich von Marke gefunden, nach Tintajol gebracht, von Isolde geheilt und begiebt sich dann, aus Cornwall verbannt, an den Hof Arturs, welcher schließlich Tristan mit Marke versöhnt. Tristan kehrt nach Tintajol zurück, und nun folgen die Baumgartenscene, die Entdeckung, Tristans zweimalige Gefangensetzung und Befreiung. Marke führt Dinas Krieg; Tristan, der während der Schlacht unthätig bleibt, rettet sich mit Isolde, die Marke ins Feld begleitet hat, in das Schloß des Dinas, von wo aus sie später nach einem Aufenthalt auf der Isle de la Fontaine [5]) an den Hof Arturs gelangen. Es folgt der Aufenthalt auf dem Schlosse Joyeuse Garde [6]), Tristans Abenteuer auf der Suche nach dem Graal, der Einfall Markes mit den Sachsen in Logres, die Entführung Isoldes, Niederlage der Sachsen und Markes, der nach Cornwall flieht. Indessen liegt Tristan in einer Abtei krank an den Wunden, die er im Kampfe mit 150 Rittern erhalten; endlich geheilt gelangt er nach mancherlei Abenteuern nach Cornwall zu Dinas. Es gelingt ihm Isolde wiederzusehen, aber eines Tages von Andret belauscht und verraten wird er von Marke mit der vergifteten Lanze, welche Morgain dem Könige gegeben, verwundet. Die Ärzte können ihn nicht retten; vor seinem Ende läßt er Marke rufen und bittet ihn Isolde kommen zu lassen. Isolde

---

[1]) Löseth, 75. [2]) Die Handschrift 103 und die Drucke kommen nicht in Betracht, da die — teilweise wörtliche — Übereinstimmung des Schlusses derselben mit der Eilhartversion dem Redaktor dieser Handschrift zuzuschreiben ist (vgl. o., p. 26). [3]) Er hat u. a. auch einen Kampf mit dem eignen Vater zu bestehen, der, um seinen Sohn zu suchen, nach Logres gezogen ist: die Wiederholung eines beliebten epischen Motivs. [4]) Über die Nachahmung der Episode mit dem Eremiten aus dem Chevalier au lyon des Chrestien (vgl. Löseth, p. 83, Anm. 3). [5]) Wiederum Nachahmung des Chevalier au lyon (vgl. o., p. 26). [6]) Wiederholung des Waldlebens (vgl. o., p. 25).

kommt, der sterbende Tristan schließt sie in seine Arme und drückt sie so fest an sich, daß sie mit ihm zugleich den Geist aufgiebt.

Die hier im Zusammenhange erzählten Episoden, die doch wenigstens in einer gewissen Beziehung zum eigentlichen Tristanstoffe stehen, sind eingehüllt in einen Wust von Abenteuern, Turnieren und anderen bei dem lesenden Publikum der damaligen Zeit beliebten Erzählungen, die wir bereits oben mit Bestimmtheit als Zuthaten des Romanschreibers bezeichnen konnten. Auch von den oben erwähnten Episoden selbst ist vieles dahin zu rechnen. So scheinen vor allem die Episoden von der Entdeckung nach der Baumgartenscene bis zum Tode der Liebenden im wesentlichen das Werk des Romanschreibers zu sein: es sind teils Erfindungen, die wohl kaum der poetischen Quelle angehörten, wie die Gefangensetzung des durch einen betäubenden Trank wehrlos gemachten Tristan, teils Wiederholungen bekannter Motive, die nur zur Verknüpfung der Interpolationen aus anderen Ritterromanen (vgl. o., p. 26) unter einander und mit der Tristansage dienen. Der dem Roman eigentümliche Schluß würde sich ebenso gut jener letzten Entdeckung der Liebenden nach der Unterredung im Baumgarten anfügen. Immerhin bleibt nach Ausscheidung dieser Elemente noch eine ganze Anzahl von Episoden, welche mit den uns bekannten poetischen Versionen keine Berührungspunkte haben und von denen sich nicht ohne weiteres annehmen läßt, daß sie dem Romanschreiber angehören: vor allem die Liebe Kahedins zu Isolde und Tristans als Wahnsinniger im Walde von Morois.

Fassen wir kurz die Resultate unserer Vergleichung zusammen: Die Ansicht, daß dem Roman eine der Quelle Eilharts sehr nahe stehende Compilation zu Grunde liege, gilt nur für den ersten Teil des Romans, welcher übrigens an verschiedenen Stellen ursprünglichere Züge aufweist, die ihm gegenüber Eilhart mit der Thomasversion gemein sind. Mit der Heirat von Tristan und Isolde Weißhand hört im Wesentlichen jede Übereinstimmung auf. Die für diesen zweiten Teil charakteristische Verknüpfung mit der Artussage muß in den Hauptzügen bereits in der Quelle vorhanden gewesen sein und zwar wahrscheinlich bis zu der letzten, nach der Unterredung im Baumgarten erfolgenden Entdeckung der Liebenden. Von dieser Scene bis zum Schlusse — dem Tode Tristans und Isoldes — hat sich der Romanschreiber mit Wiederholungen bekannter Motive der Tristansage in anderem Gewande und mit Nachahmungen von Episoden aus anderen Ritterromanen beholfen, um eine rein äußerliche Verknüpfung der Artussage mit der Tristansage herzustellen [1]. Wahrscheinlich ist daher die Quelle des Romans eine Compilation ähnlich derjenigen, wie sie uns in dem sogenannten Berolfragmente erhalten ist, also das Werk eines dem Continente angehörenden Compilators, der an die Berolversion anknüpfend den Schluß der Tristansage in ähnlicher Weise bearbeitete, wie es von dem Compilator der Berolhandschrift geschehen ist, indem er dabei gleich diesem Motive benutzte, die der Thomasversion angehörten (im zweiten Teil des Berolfragmentes der Reinigungseid, hier die letzte Entdeckung der Liebenden, vgl. o., p. 32 ff.). Erst ein späterer Redaktor nahm auf Grund eines ihm bekannten zusammenhängenden Werkes — vielleicht des Gedichtes des La Chievre — eine Umänderung der ursprünglichen Version des Romans in der Weise vor, daß er den Schluß umgestaltete, wobei er notgedrungen an Stelle des Kahedin, der nach der ersten

---

[1] Der Redaktor der späteren Version hat dies schon vorher für nötig gehalten, indem er den erneuten Aufenthalt Tristans in Tintajol mit einer Wiederholung des Zweikampfes mit Morold (hier mit Helyas, s. o., p. 25) beginnen läßt.

Version bereits gestorben war, eine andere Persönlichkeit — Ruvalen — treten lassen mußte, während er die Unterredung im Baumgarten, deren Stellung im zweiten Teile ihm unwahrscheinlich dünkte, unterdrückte.

Der bretonischen Version der Tristansage, die in ihrer — so weit uns bekannt — ursprünglichsten Fassung in England und auf dem Kontinent durch Berol und die Quelle Eilharts (La Chievre?), in ihrer Entwickelung zum Abenteuerroman durch den Verfasser des zweiten Teiles des Berolfragmentes, einen normannischen Spielmann des Kontinents, und endlich in ihrer vollständigen Verquickung mit der Artussage durch den Prosaroman und dessen verloren gegangene poetische Quelle vertreten wird, steht diejenige Version gegenüber, die wir oben als die englische bezeichnet haben und deren Vertreter der Anglonormanne Thomas ist. Zu den Bruchstücken dieses Gedichtes, welche mir vorlagen, als ich den Versuch unternahm, durch eine sprachliche Untersuchung die Arbeit Kölbings, zu der sich vor dem Abschluß meiner Abhandlung auch noch die Schrift Vetters [1] gesellte, zu vervollständigen, hat Novati, auf dessen inhaltsreiche Abhandlung ich schon mehrfach hinzuweisen Gelegenheit hatte, im Jahre 1887 zwei Fragmente — ein neues und ein altes der Handschrift Douce 1—248 entsprechendes — hinzugefügt, welche der Behauptung Kölbings und Vetters, daß Thomas die ganze Tristansage behandelt habe, eine neue Stütze gewähren. Golther, der ebenfalls dieser Ansicht zustimmt (a. a. O., p. 102), hat sich eingehend mit der Frage beschäftigt, „welche Stellung das Gedicht des Thomas in Bezug auf etwa vorhandene Quellen und auf die Spielmannsversion einnimmt", und kommt zu folgendem Schlusse: „Thomas stand einer ausgedehnten und vielseitigen Überlieferung gegenüber, und zwar einer schriftlichen und mündlichen, welche er gekannt und studiert hat. Er steht als schaffender Dichter mit bewußter Freiheit über seinem Stoffe, aus dem er inmitten widersprechender Varianten eine logische und zusammenhängende Erzählung zu schaffen sucht. Dies und die psychologische Vertiefung der Liebessage, die in dem stark ausgeprägten lyrischen Elemente der Liebesklagen und Reflexionen zum Ausdruck kommt, sind das Verdienst des Thomas (a. a. O., p. 105 ff.)". Auch Novati äußert sich in diesem Sinne (a. a. O., p. 401 ff.), indem er den einheitlichen Charakter des Werkes, das kritische Wesen des Dichters und den Umstand hervorhebt, daß dieser sich als höfischer Kunstdichter an ein auserwähltes Publikum wendet. Damit sein Werk sozusagen ein Vademecum für Liebende werde, mußte Thomas den Geist der Sage ändern, und mehr Gewicht auf die innere, psychologische Geschichte Tristans und Isoldes legen [2]. Diese Liebe selbst trägt nach Novati's Ansicht schon ganz den Charakter jener ritterlichen höfischen Liebe [3], deren Einführung in die epische Dichtung man bisher Chrestien (im Chevalier de la Charrette) zugeschrieben hat. Gegen Novati hat sich Muret [4] dahin ausgesprochen, daß Isolde nicht entsprechend der Auffassung des Frauendienstes jene Überlegenheit der Dame über ihren Freund habe, die den treuen Sklaven allen Launen einer despotischen Herrin unterwirft, nicht wie eine Göttin in einer

---

[1] Fritz Vetter, La légende de Tristan d'après le poème français de Thomas et les versions principales qui s'y rattachent. Diss. Marburg, 1882. [2] a. a. O., p. 405: È certo innanzi tutto che alla storia intima e psicologica dei due amanti Tommaso ha dato tanta importanza quanta Beroul non ha sicuramente mai, non dirò creduto, ma neppure sospettato le si dovesse dare. [3] Auch G. Paris bemerkt (Tristan et Iseut, p. 29) sogar in Beziehung auf Berols Tristan: „c'est déjà l'amour courtois, l'amour conventionnel et réglementé qui trouvera son expression complète dans la liaison de Lancelot et de Guenièvre". [4] Romania XVIII, p. 179.

höheren Sphäre schwebe, daß vielmehr ihre Liebe, ebenso zärtlich und leidenschaftlich wie die Tristans, uns natürlicher und menschlicher erscheine als die verfeinerte Liebe (l'amour quintessencié) Guenièvre's und Lancelot's. Dem kann man wohl ohne weiteres zustimmen. Andererseits sind die von Novati für seine Ansicht angeführten Gründe (a. a. O., p. 416) so triftig — vor allem der nur der Thomasversion eigene Umstand, daß die ideale Liebe zu der abwesenden blonden Isolde bis zu Tristans Tode ihn seinem Weibe fernhält —, daß man wohl der Ansicht sein darf, Thomas habe ernstlich den Versuch gemacht, der Liebe Tristans und Isoldes den Charakter der höfischen Liebe zu geben, ein Versuch, der schon deshalb nicht gelingen konnte, weil er dem ursprünglichen Charakter der Sage durchaus widersprach und dieser überall wieder zum Durchbruch kam [1]). Daß etwa Chrestiens Karrenritter Thomas bekannt gewesen sei, halte ich für ausgeschlossen. Die Abfassungszeit des Gedichtes des Thomas steht noch nicht fest. In meiner Abhandlung [2]) kam ich auf Grund der Sprache und des Versbaues zu dem Schlusse, daß dasselbe „jedenfalls vor Gaimar — vielleicht in dieselbe Zeit wie die der Bestiaire — zu setzen sei". G. Paris äußerte sich darüber in einer Anzeige meiner Abhandlung [3]): „M. Roettiger veut que Thomas ait écrit avant Gaimar et vers 1125; c'est tout à fait inadmissible, et les raisons alléguées n'ont pas de valeur. Thomas doit avoir écrit vers 1160 ou 1170". Das Jahr 1125 ist dabei ganz willkürlich von G. Paris gewählt [4]), denn als terminus ad quem mußte ich (nach Mall) für den Bestiaire 1135, für Gaimar (nach Skeat) 1151 ansetzen, so daß der Tristan vor 1150, vielleicht auch gegen 1140, geschrieben wäre. G. Paris bezeichnet die von mir angeführten sprachlichen und metrischen Gründe für diese Annahme als solche „qui n'ont pas de valeur". Ich gebe zu, daß es immer mißlich ist, lediglich auf Grund sprachlicher und metrischer Eigentümlichkeiten ohne äußere Anhaltspunkte die Abfassungszeit eines Werkes festzustellen, doppelt mißlich bei einem anglonormannischen Werke, das in so lückenhafter und — wie schon der Vergleich der kurzen in mehr als einer Handschrift überlieferten Abschnitte ergiebt — vielfach verderbter Überlieferung auf uns gekommen ist. Deshalb vermied ich seinerzeit auch die Angabe eines bestimmten Jahres. Wenn aber andrerseits sprachliche und metrische Gründe die einzige kritische Handhabe bieten, so wird das daraus gewonnene Resultat so lange als annähernd richtig zu betrachten sein, bis triftige Gründe für eine gegenteilige Ansicht sprechen. Solche hat G. Paris nirgends angeführt. Denn daß der von Thomas als Gewährsmann genannte Breri mit dem fabulator Bledhericus identisch sei [5]), ist zunächst auch nur eine Hypothese; und selbst ihre Richtigkeit zugegeben, so ist die Angabe von Giraut de Barri: qui tempora nostra paulo praevenit doch so unbestimmt — zumal auch Giraut's Geburtsjahr nur annähernd feststeht —, daß es sehr gewagt ist, daraus einen Schluß für die Lebenszeit des Bledhericus und damit für die Abfassungszeit des Thomasgedichtes zu ziehen. Golther meint (a. a. O., p. 363): „Die richtige Zeitbestimmung ist frühestens 1170, etwa 1170—1180, also jedenfalls nach dem Lancelot. Die Dichtung des Thomas ist inniger, tiefer und mehr zu Herzen sprechend als die des Chrestien. Mag hiervon auch vieles auf Rechnung der besonderen Anlage des Thomas

---

[1]) a. a. O., p. 417ff: Questa trasformazione nell'opera del poeta anglonormanno non riuscì, nè poteva riuscire, completa; attraverso alle delicate velature che le ricoprono tralucono ancora le tinte crude e violente del quadro primitivo; sotto gli arabeschi finemente trapuntati trasparisce qua e là l'antica rude orditura. [2]) Der Tristan des Thomas, p. 56. [3]) Romania XII, p. 480. [4]) Golther schreibt ebenfalls: „Röttiger setzt das Gedicht viel zu früh an, auf 1125" (Zeitschr. f. rom. Phil. 12, p. 862). [5]) Romania VIII, p. 425 ff.

kommen, so wird doch andrerseits eine so vollendete sprachliche und sachliche Darstellung kaum möglich sein, ohne daß vorher andere ähnliche Werke geschaffen worden waren. Das Gedicht des Thomas baut sich nach dem Muster anderer auf". Das letztere soll nicht bestritten werden, doch ist damit nicht gesagt, daß diese Vorlage des Thomas auch in sprachlicher Darstellung (die sachliche tritt bei Thomas oft gegen die psychologische Kleinmalerei in den Hintergrund) bereits eine dem Thomas sehr nahe kommende Vollendung gezeigt haben müsste, und noch viel weniger, daß etwa das Jugendwerk Chrestiens dem Thomas vorgelegen haben müsste. Die von Novati zwischen Thomas und Benoit von Sainte-More gezogene Parallele endlich zwingt durchaus nicht zu der Annahme, daß Thomas etwa den Roman de Troie gekannt habe, welcher Umstand allerdings für die Zeitbestimmung des Tristan entscheidend sein würde. Die Annahme, daß Thomas vor 1150 geschrieben habe, stimmt dann auch sehr wohl mit der oben von mir vertretenen Ansicht, daß Berol, den G. Paris um 1150 ansetzt, jedenfalls nicht früher, wahrscheinlich aber später als Thomas geschrieben habe.

In Betreff der Persönlichkeit des Thomas hatte ich in meiner Abhandlung (p. 13) die Vermutung geäußert, daß derselbe dem geistlichen Stande angehört habe. Novati hat (p. 403) nicht mit Unrecht bemerkt, daß die von mir angeführten Argumente buoni, ma un po'vaghi seien, und hat denselben noch eine Anzahl anderer hinzugefügt, die meine damals ausgesprochene — allerdings dem sprachlichen Charakter meiner Arbeit entsprechend — sehr knapp begründete Ansicht bestätigen. Über die Nationalität des Thomas herrscht im allgemeinen die Ansicht, daß er seiner Sprache nach Anglonormanne sei. Damit wäre ja allerdings auch die Möglichkeit nicht ausgeschlossen, daß er seinem Ursprung nach dem Kontinente angehörte [1]. Demgegenüber hält G. Paris [2]) Thomas für einen Engländer, indem er auf den ganz verschiedenen Geist aufmerksam macht, der das Werk des Thomas gegenüber den gleichzeitigen Werken französischer Dichter auszeichnet. Diese Origine anglaise des Dichters selbst erklärt meines Erachtens auch die auffallende Thatsache, daß gerade sein Gedicht bei den germanischen Nationen, den Engländern, Norwegern und Deutschen, Bearbeiter gefunden hat. „L'Anglais, so schreibt G. Paris, sent avec les héros de son récit; son cœur est intéressé aux peines et aux joies du leur; il cherche jusqu'au fond de leur âme pour en découvrir les replis cachés etc. (a. a. O., p. 31)", und dasselbe gilt von dem Deutschen Gottfried von Straßburg, so daß Hertz mit Recht Thomas und Gottried als „kongeniale Naturen" bezeichnet (a. a. O., p. 473). — Über den Gewährsmann des Thomas, den von ihm genannten Breri, gehen die Ansichten der verschiedenen Forscher auseinander. Die Hypothese von G. Paris, welche ihn mit dem kymrischen Barden Bledhericus identifiziert, wurde bereits oben erwähnt. Golther verwirft diese Ansicht und sieht in Breri einen französischen Spielmann, dessen Darstellung Thomas folgte [3]). Zimmer läßt dagegen jene Hypothese gelten und erkennt „in der durch Gottfried von Straßburg via Thomas auf uns gekommenen Nachricht über Gurmun ein von Gottfried von Monmouth unabhängiges Zeugnis des fabulators Bréri-Bledhericus (Bledri)" [4]). Novati erörtert, nachdem er — und zwar meines Erachtens mit Erfolg — nachzuweisen versucht hat, daß Thomas die Historia des Gottfried von Monmouth gekannt und benutzt habe, auch diese Frage, ohne zu einem bestimmten Resultate zu gelangen, denn

---

[1]) Vgl. Foerster, Erec und Enide, p. XXIV: „Thomas, der in England schreiben mag, aber auch noch ein Bretone aus der Armorika sein wird". [2]) Tristan et Iseut, p. 30 ff. [3]) Die Sage von Tristan und Isolde, p. 106 ff. [4]) Gött. gel. A. 1890, pp. 805 und 825.

die Annahme, daß Thomas an dieser Stelle nicht die Wahrheit sage, ist doch zu willkürlich [1]); daher denn Golther in einer Besprechung von Novati's Arbeit eine andere Lösung dieser Frage dahin versuchte [2]), daß Thomas die beiden Quellen, den französischen Spielmann und die Historia, zusammengeworfen und von jenem ausgesagt habe, was nur auf diese paßte. Endlich bliebe noch die ebenfalls von Novati [3]) zur Erwägung gestellte Möglichkeit, daß Breri die Mittelsperson gewesen sei, aus deren Werk Thomas auch die von Breri aus Gottfried von Monmouth geschöpften Elemente übernommen habe. — Ich habe die verschiedenen Ansichten hier zusammengestellt, nicht als ob ich glaubte, daß man auf Grund derselben zu irgend einem bestimmten Schlusse gelangen könne; es handelt sich vielmehr um mehrere Hypothesen, von denen jede einen gewissen Grad von Wahrscheinlichkeit für sich hat, wobei allerdings für die Bledhericus-Hypothese des G. Paris vor allem der Name selbst spricht [4]). — Als endgiltig entschieden darf dagegen die Frage nach der Einheit des Thomasgedichtes angesehen werden, welcher auch Novati einen Teil seiner Abhandlung gewidmet hat [5]). Ebensowenig bedarf das Verhältnis Gottfrieds zu Thomas noch einer Erörterung. Wenn es einerseits unzweifelhaft ist, daß Gottfrieds Quelle das Gedicht des Thomas gewesen ist, so hat andererseits Gottfried — wie wir im Verlaufe unserer Abhandlung mehrfach zu sehen Gelegenheit hatten — auch noch andere Quellen gekannt und benutzt. Daß sein Werk also „eine Übersetzung im heutigen Sinne des Wortes nicht genannt werden kann", bemerkt mit Recht Hertz (a. a. O., p. 473); der Ausdruck „de simples traductions du français" [6]) kann also — und G. Paris scheint das auch nicht zu wollen — auf Gottfrieds Gedicht nicht wohl angewandt werden. Anders verhält es sich mit der Wertschätzung Gottfrieds und seines dichterischen Verdienstes im Verhältnis zu Thomas. G. Paris urteilt über Gottfried [7]): „Gotfrid avait une âme moins sensible et moins vibrante que celle de Thomas; il a enchéri sur l'élégance et la courtoisie de celui-ci, il ne paraît pas avoir pénétré plus profondément ou même aussi profondément que lui dans le cœur de ses personnages; je ne crois pas qu'il eût donné à ces douloureux et poétiques épisodes de la fin du poème la grâce et l'émotion dont Thomas a su les pénétrer". Über den letzten Satz läßt sich nicht rechten: man könnte mit demselben Recht oder Unrecht auch die gegenteilige Überzeugung aussprechen. Auf die Behauptung aber, daß Gottfried nicht so tief in das Herz seiner Personen eingedrungen sei wie Thomas, läßt sich erwidern, daß Gottfried mindestens ebensosehr wie jener mit seinen Personen fühlt, daß er mit ihnen Liebeslust und Liebesleid empfindet, daß die Erfahrungen seines eigenen Herzens in den Schilderungen ihres Seelenzustandes niederlegt. Wer sollte das nicht gleich in der Einleitung empfinden:

v. 108 ff.: swer innecliche liebe hât,
doch ez im wê von herzen tuo,
daz herze stêt doch ie darzuo.
der innecliche minnemuot,
sô der in sîner senegluot
ie mêre und mêre brinnet,
sô er ie sêrer minnet.

diz leit ist liebes alse vol
daz übel tuot sô herzewol,
daz es kein edele herz enbirt,
sît ez hie von geherzet wirt.
ich weiz es alse mînen tôt
und erkenne ez bî der selben nôt:
der edele senedære
der minnet senediu mære. [8])

---
[1]) a. a. O., p. 451: che noi non siamo poi troppo certi che Tommaso, affermando di fondare la sua narrazione sopra la testimonianza di Breri, dica il vero. [2]) Zeitschr. f. rom. Phil. 12, p. 362. [3]) a. a. O., p. 452 ff. [4]) Vgl. auch Romania XXV., p. 23. [5]) n. a. O., pp. 463—478. [6]) Tristan et Iseut, p. 38. [7]) a. a. O., p. 35.
[8]) Hertz in seiner freien Bearbeitung, die ein wahres Meisterwerk ist: „Wer liebt mit wahrer Liebe, Wie

Das sind nicht nur schöne Worte, das ist echte, tiefe Empfindung, die sich in dem Gedichte selbst nicht verleugnet; und ich glaube, daß wir unserm alten deutschen Meister noch für etwas mehr dankbar sein dürfen, als daß er uns das Gedicht des Thomas in den Einzelheiten seiner Ausführung erhalten hat [1]), und daß wir vielmehr mit Hertz sagen dürfen, daß Gottfried „über das ganze Gedicht jenen Hauch schwärmerischer Weichheit, süßester Zärtlichkeit, jene Musik der Gefühle ergoß, die nur im Wohllaut der Worte ihresgleichen hat [2])". Der Ruhm des Thomas wird dadurch in keiner Weise geschmälert, denn wir können und werden trotzdem mit Golther [3]) anerkennen, daß „vom geschichtlichen Standpunkte aus die That des Thomas eine größere war, da ihr die vollkommene schöpferische Selbständigkeit zukommt".

weh sie auch im Herzen thu, Den drängt sein Herz doch stets dazu. Nur heißer brennt ein echter Mut, Je mehr er brennt in Schmerzensglut. Dies Leid ist so an Freuden reich Und seine Last so sanft und weich, Daß, übt es seinen Herzensbann, Kein edles Herz es missen kann. Ich weiß es sicher wie den Tod Und hab's erkannt in eigner Not: Wer minnt mit edlem Sinne, Liebt Mären von der Minne. [1]) G. Paris, a. a. O., p. 86: Mais nous devons lui être très reconnaissants, car c'est grâce à lui que nous pouvons nous faire une idée de la première partie de l'œuvre du poète anglonormand, non dans son ensemble et dans ses récits . . . ., mais dans le détail de son exécution. [2]) a. a. O., p. 473. [3]) Zeitschr. f. rom. Phil. 12, p. 364.

ZUR FRAGE

NACH EINER

MITTELHOCHDEUTSCHEN SCHRIFTSPRACHE

VON

OTTO BEHAGHEL

Jakob Grimm und Karl Lachmann haben den Satz aufgestellt, es habe in mittelhochdeutscher Zeit eine über den Mundarten stehende Gemeinsprache gegeben, der die Kreise des Hofes, der die Dichter sich bedient hätten. Diese Ansicht wurde im Jahr 1820 zum ersten Male ausgesprochen und blieb seitdem lange Zeit in unbestrittener Geltung. Und zwar hielt man dafür, dass das Alemannische die für die Hofsprache massgebende Mundart gewesen sei. Diese Fassung des allgemeinen Satzes ist von Fr. Pfeiffer bekämpft worden; nach seiner Anschauung waren fränkische Elemente bei der Bildung der Schriftsprache betheiligt (Ueber Wesen und Bildung der höfischen Sprache in mittelhochdeutscher Zeit, Sitzungsberichte der Wiener Akademie der Wissenschaften 1861, S. 263, wieder abgedruckt: Freie Forschung S. 309 ff.). Völlig geleugnet wurde das Dasein der mittelhochdeutschen Schriftsprache von Hermann Paul in seiner Habilitationsvorlesung: Gab es eine mittelhochdeutsche Schriftsprache? (Halle 1873). Die Darlegungen Paul's haben die bis dahin herrschende Anschauung stark erschüttert; trotzdem hat es auch nach ihm nicht an Gelehrten gefehlt, welche für die angefochtene Lehre eingetreten sind, so Heinzel (Zeitschrift für österreichische Gymnasien 1874, S. 173 ff.), Rückert (Geschichte der neuhochdeutschen Schriftsprache I, 122), Weinhold (Mittelhochdeutsche Grammatik § 4), Pietsch (Luther und die hochdeutsche Schriftsprache S. 5 ff.).

Die Gründe, die man für das Dasein einer mittelhochdeutschen Schriftsprache ins Feld geführt hat, sind doppelter Art. Einerseits suchte man zu erweisen, dass dieselbe sich nothwendig habe bilden müssen bei den obwaltenden politischen und literarischen Verhältnissen. Dem gegenüber hat Paul geleugnet, dass die damalige Lage der Dinge auch nur geeignet gewesen sei, die Bildung einer Gemeinsprache zu befördern. Und ganz abgesehen davon, besitzt der Schluss von der Ursache auf die Wirkung eine ungemein geringe Beweiskraft.

Anderseits hat man Belege dafür beigebracht, dass die Gemeinsprache wirklich gegolten habe. Dabei kamen Aussagen von mittelhochdeutschen Dichtern in Betracht; mancher von diesen hat Aeusserungen gethan über die Sprache, die er selbst oder Andere zur Anwendung brachten. Jedoch nur dem Zeugniss aus Trimberg's Renner, auf das Pietsch wieder nachdrücklich hingewiesen hat, kann eine gewisse Beweiskraft zugeschrieben werden.

Weiterhin hat man — und auf diesem Wege liegt zweifellos die Entscheidung der Frage — die Sprache der Quellen selbst geprüft. Es zeigte sich, dass bei den classischen Dichtungen der mittelhochdeutschen Zeit, die sehr verschiedenen Gegenden Deutschlands angehören, die sprachlichen Unterschiede, die sich aus den Reimen ermitteln liessen, fast verschwindende waren. Wenn man aber daraus eine über den Mundarten stehende Spracheinheit erschloss, so gieng man vorschnell über die Möglichkeit hinweg, dass vielleicht die Mundarten selbst in jener Zeit erst geringe Unterschiede aufwiesen. Nur dann ist der Beweis für das Bestehen einer Schriftsprache zu führen, wenn man nachweisen kann, dass zu einer bestimmten Zeit, in einer bestimmten Gegend, die und die Spracheigenthümlichkeiten bestanden, und dass Autoren, welche dieser Zeit und dieser Gegend angehören, diese Eigenthümlichkeiten nicht darbieten.

Man hat denn auch darauf aufmerksam gemacht, dass eine ganze Anzahl von Dichtungen, die von Niederdeutschen herrühren, nicht in rein niederdeutscher Sprache abgefasst ist (Lichtenstein, Eilhard von Oberge, Einl. S. LIV; Fischer, das hohe Lied des Brun von Schonebeck S. 17). Allein erstens stimmen diese Denkmäler in ihrer Sprache sehr wenig unter sich überein; zweitens zeigt keines von ihnen die Sprache, die man gewöhnlich als die mittelhochdeutsche Gemeinsprache ansieht; drittens fällt für die Beurtheilung hier der Umstand stark in die Wagschale, dass in mittelhochdeutscher Zeit die Mittelpunkte literarischer Bestrebungen fast ausschliesslich auf hochdeutschem Boden lagen. Wie leicht mochte es sich da fügen, dass niederdeutsche Dichter für längere Zeit auf hochdeutschem Gebiete verweilten und, sei es absichtlich, sei es unabsichtlich, sich zu hochdeutscher Rede bequemten.

Wichtiger ist, was nach Scherer und Heinzel neuerdings wieder Pietsch geltend gemacht hat: dass der alte germanische Dual des persönlichen Pronomens der zweiten Person, der noch heute in den bairischen Mundarten als es, enk sich findet — und zwar für Plural wie Dual — dass dieser in mittelhochdeutschen Quellen erst gegen den Ausgang des dreizehnten Jahrhunderts auftritt. Um sich der Beweiskraft dieser Thatsache zu entziehen, müsste man schon die Behauptung aufstellen, dass keine unserer mittelhochdeutschen Handschriften, die aus der Zeit vor dem ersten Auftreten des Duals stammen, im Verbreitungsgebiet desselben geschrieben sei. Und allerdings, ob jene Formen einem mittelhochdeutschen Dichter eigenthümlich sind oder nicht, das zu entscheiden gibt es kein Mittel.

Ueberhaupt liegt ja die Schwierigkeit der Lösung unserer Frage vor allen Dingen in der Beschaffenheit der Quellen selbst. Es gibt keine mittelhochdeutschen Handschriften literarischer Denkmäler, deren Herkunft nach Ort und Zeit genau sich bestimmen liesse und bei denen es festzustellen wäre, dass sie nach Ort und Zeit eine einheitliche Sprache darbieten. Die einzige, unbedingt zuverlässige Grundlage der Forschung bilden die Urkunden, vorausgesetzt, dass bei ihrer Verwerthung gewisse Vorsichtsmassregeln nicht ausser Acht gelassen werden. Mit dem, was aus diesen Denkmälern zu entnehmen ist, müsste verglichen werden, was die Reime und der innere Bau des Verses für die Sprache der Dichter erschliessen lassen. Hier erheben sich aber zwei Schwierigkeiten. Erstens versagen jene metrischen Kriterien sehr häufig ihren Dienst. Ueber Manches, wie über die Gestalt des Wortanlautes, kann der Reim seinem Wesen nach keinen Aufschluss geben; bei Anderem läge zwar die allgemeine Möglichkeit vor, aber es fehlt an geeigneten Reimwörtern: so besitzt das Mittelhochdeutsche z. B. keine Bindungen für Wörter wie *gên, stên, gêt, stêt*. Zweitens beginnen die deutschen Urkunden erst in einer Zeit, wo die Blüthezeit der mittelhochdeutschen Dichtung bereits entschwunden ist; die unmittelbare Vergleichung wird also unmöglich.

Es wäre aber auch eine mittelbare Vergleichung denkbar; es käme darauf an, aus der Sprache der Urkunden dasjenige auszulesen, von dem sich wahrscheinlich machen liesse, dass es bereits zur classischen Zeit Geltung gehabt. Den günstigsten Boden für solche Untersuchungen bietet ohne Zweifel das Alemannische, denn hier hat am frühesten das Deutsche in der Urkundensprache Platz gegriffen, hier sind die deutschen Urkunden schon in den sechziger und siebenziger Jahren des 13. Jahrhunderts häufig genug. Zugleich liegt gerade hier der Verdacht sehr fern, dass ein Dichter aus äusseren Gründen seine heimische Sprache aufgegeben haben könnte; denn der Oberrhein war selbst die Stätte des lebendigsten geistigen Lebens und regen poetischen Schaffens.

Nach der hergebrachten Anschauung besteht der Unterschied zwischen mittelhochdeutcher Zeit und althochdeutscher Zeit darin, dass im Mittelhochdeutschen die vollen Vocale der althochdeutschen Endsilben zu e geschwächt worden seien. Dem gegenüber hat Pfeiffer aus einigen prosaischen Denkmälern des Alemannischen Beweise für die Erhaltung der alten Endungen in mittelhochdeutscher Zeit beizubringen gesucht (Freie Forschung S. 331), und ebenso hat Birlinger (Die alemannische Sprache rechts des Rheins S. 154 ff.) Belege für volle Endungsvocale gegeben. Merkwürdigerweise sind diese Spuren nicht weiter verfolgt worden. Paul hat Pfeiffers Darlegungen mit einem Hinweis auf Weinholds alemannische Grammatik zu entkräften versucht: neben den Vocalen, die zum Althochdeutschen ungefähr stimmen, fänden sich vielfach ganz abweichende für das tonlose e, »wodurch es in den meisten Fällen sehr unwahrscheinlich wird, dass wir in diesen Formen etwas alterthümliches erhalten haben.« Das ist denn auch die Ansicht Weinholds noch in der neuesten Auflage seiner mittelhochdeutschen Grammatik (§ 76): »die i, a, o, u, welche zuweilen, besonders in Schriften von stark mundartlicher Färbung, in den geschwächten Wortheilen auftreten, sind nur als unbestimmte, an die geschriebenen Vokale anklingende Laute, und von keinem höheren Werte als das irrationale e zu deuten.» Dieser Satz ist falsch; er zeigt, wie wenig man bis jetzt daran gedacht hat, das in den Urkunden dargebotene Material systematisch zu durchforschen. Ich stelle ihm für das Alemannische — einschliesslich des Schwäbischen — den Satz gegenüber: Nur die kurzen Vocale des Althochdeutschen sind im Mittelhochdeutschen zu dem irrationalen e geworden; die langen Vocale bestehen bis tief in das 13. Jahrhundert als volle Vocale fort und sind noch gegen 1300 nicht völlig in den irrationellen Vocal übergegangen.

Es gibt allerdings Urkunden, wo auch an Stelle ursprünglich kurzer Vocale ein anderes Zeichen als e auftritt. So ist der Fall ziemlich häufig, dass der irrationale Vocal — besonders in der Endung -e n — durch i bezeichnet wird; für die Frage nach der Erhaltung des alten i (in) wird man solche Quellen aus dem Kreis der Untersuchung ausschliessen; trotzdem kommen sie natürlich für die Wiedergabe von â, ô, û als Zeugnisse in Betracht. Weit seltener begegnet es, dass etwa u einen ursprünglich kurzen Vocal wiedergibt; hauptsächlich aus den Strassburger Urkunden lassen sich Beispiele dafür beibringen. Man wird also *hettunt* (habebant) in zwei Strassburger Urkunden von 1263 (Urkundenbuch der Stadt Strassburg I, S. 399 und 400) oder *stetun* (perpetuæ) in einer Urkunde von 1264 (ebda. S. 428) nicht als Reflexe von ahd. *haptôn*, *stâtun* ansehen können, wenn man daneben in denselben Urkunden *Gotzun*, *Offun*, *Ottun* — lauter Singulare des schwachen Masculins — antrifft.

Ganz anders liegt die Sache, wenn in Urkunden, die für den ursprünglich kurzen Vocal nur e (oder i) setzen, zur Wiedergabe ursprünglich langer Vocale nicht nur a, i, o, u, sondern auch e erscheint. Daraus kann natürlich nicht auf Zusammenfall mit den ursprünglich kurzen Vocalen geschlossen werden. Wie jedoch dieses Nebeneinander aufzufassen sei, das ist eine Frage, die wir erst nach der Vorführung des Materials zu beantworten versuchen wollen.

Vorweg nehme ich einige Belege, deren Auffassung zweifelhaft sein kann, Beispiele nämlich vom Nom. Sgl. des schwachen Masculins mit auslautendem o: vgl. Fontes rerum Bern. II, 182, a. 1238—39 (=Wackernagel Lesebuch⁵, Sp. 789): *gravo* (zweimal), *schenko* (zweimal); Basler Urkunde von 1294 (St. Clara Nr. 53): *der altho*; Aarauer Urkundenbuch S. 22, a. 1310: *dekein min erbo*. Es muss eine Uebertragung aus dem Gen. und Dat. Plural vorliegen.

Die nachfolgende Sammlung des Materials erstrebt Vollständigkeit der Belege für die einzelne Urkunde; dagegen hat sie unter der Gesammtheit der Urkunden natürlich nur eine Auswahl treffen können.

Urkundenbuch der Stadt Freiburg im Breisgau:

a. 1258 (S. 58). Voller Vocal: *hinnan, frouwn.* — Geschwächter Vocal: *bevestent.*

a. 1265 (S. 61). Voller Vocal: *hinnan, hatton, verwissot, brahton, gemanot, lougenot, beredon, dienon, ongeuordrot, uordron, wochun.* — Geschwächter Vocal: *minnen* (Dat. Pl.), (*wehseln*), *Nuwenburg.*

a. 1272 (S. 70). Voller Vocal: *dannan, erbvn* (Dat. Pl. und Gen. Pl.), *svnnvntage, errvn* (Gen. Sgl. Fem.). — Geschwächter Vocal: *dannen, burgen* (Gen. Pl.), *vrowen* (Gen. S.).

a. 1273 (S. 72). Voller Vocal: *dannon, lebot, schafonne, gemachot, wilun* (Dat. S.).

a. 1275 (S. 74—78). Voller Vocal: *swannan, dannon* (dreimal), *dannan, elti, geginwerti, komindon* (Gen. Pl.), *gemachot, fürston* (D. P.), *nachgeburon* (D. P.), *urlúgot, geseigon, schafon, swensigon* (D. P.), *kriegont, klagon, wundot* (zweimal), *ubersúgot, gelichot, bessiron* (viermal; Verb.), *besserot* (viermal), *geanuarton, enlougenot, eilztun, kilchun.* — Geschwächter Vocal: (*mit siner*) *wissende,* (*kriegende, kriegint*), *frowen, nahgandin* (Gen. S. F.), *wochen* (sechsmal).

a. 1276 (S. 87). Voller Vocal: *verwechselon, gemachot* (zweimal), *similvn.* — Geschwächter Vocal: *besseren* (Infin.).

a. 1276 (S. 88). Voller Vocal: *irsügiton, bezügeton, geburon* (G. Pl.), *mitchun* (zweimal), *jungirun* (G. S. F.). — Geschwächter Vocal: *vrowin.*

a. 1282 (S. 92). Voller Vocal: *hinnanthin, mishelli* (zweimal), *hantveisti* (zweimal), *hatton, gestatigot, stätigon, sweinsigon* (D. P.), *heiligon* (sw. D. P.), *gemanont, hangont* (zweimal), *gemanon, vorgenantun* (G. S. F.), *mitchun.*

a. 1291 (S. 117). Voller Vocal: *schüra* (N. P. F.), *seiton* (Præt.), *wirtinnun, lovbvn, Saltzgassun, der oberun lindun.* — Geschwächter Vocal: *frowen.*

a. 1293 (S. 140). Voller Vocal: *einunga* (N. P. F.), *segegeni, sweinsigon* (G. P.), *gesamenoter, einungan* (D. P. und G. P.), *houbeton* (Infin.), *besseron* (zweimal), *geordenot.* — Geschwächter Vocal: *sweinsigen* (G. P. und D. P.), *stetigen* (Infin.; zweimal), *besamenen, endern, genanten* (G. S. F.).

a. 1302 (S. 166). Voller Vocal: *obervn* (G. S. F.; zweimal), *genantvn* (S. F.; fünfmal). — Geschwächter Vocal: *hatten, se minnen, trüwen, gemachet.*

a. 1303 (S. 169). Voller Vocal: *hinnan, se ostran, deheinvn* (Pl. F.), *genantun* (S. F.), *altvn* (S. F.) — Geschwächter Vocal: *genanten* (G. Pl. M.), *bürgen* (G. Pl.)

a. 1316 (S. 217). Voller Vocal: *swestera* (A. Pl.; dreimal), *swesteran* (sechsmal D. Pl.; zweimal G. Pl.), *reban* (G. Pl.), *bederbenot, gassun, swellun.* — Geschwächter Vocal: *genanten* (G. Pl. und A. S. F.), *gemachet, vorgeschribenen dingen* (G. Pl.), *Margareten, kertzen* (S.), *meisterinnen* (S.), *frowen* (S.), *Margareten die Turnerinen, frowen der jungeren.*

a. 1326 (S. 257). Voller Vocal: *dannan, selbun* (S. F.). — Geschwächter Vocal: *hatten, bürgen* (D. Pl.), *manen, gemant, heiligen* (D. Pl.), *der nehsten mittewochen.*

a. 1332 (S. 283). Voller Vocal: *closerina* (N. Pl.), *closerinan* (D. Pl.), *den siechan* (D. Pl.) — Geschwächter Vocal: *frowen* (zweimal).

a. 1333 (S. 301). Voller Vocal: *brugga* (A. Pl.), *bruggan* (D. Pl.). — Geschwächter Vocal: *ze machend, ze besserend, bruggen* (D. Pl.; zweimal), *vertigen, machen, oberen* (S. F.), *langen* (S. F.; zweimal), *nidern* (S. F.), *steininen* (S. F.), *vasten* (D. S.).

a. 1340 (S. 348). *hinnan, dannan,* sonst nur geschwächter Vocal.

a. 1344 (S. 354). *vestina, mit den vestinan;* sonst geschwächter Vocal.

Fürstenbergisches Urkundenbuch Bd. I:

a. 1276 (S. 252). Voller Vocal: *dienan* (Inf.), *niderun* (S. F.). — Geschwächter Vocal: *frowen* (D. Pl., zweimal), *selben* (D. Pl.), *erben* (D. Pl.), *ewigen* (A. F.), *die vorgenanten frowen.*

a. 1280 (S. 268). Voller Vocal: *gesamenoter, kirchun* (zweimal; S.).

a. 1284 (S. 290). Voller Vocal: *schulterra, Gvtvn.* — Geschwächter Vocal: *heiligen* (G. Pl.).

a. 1290 (S. 300). Voller Vocal: *missehelli, hantfestinan* (D. Pl.), *manon, Marivn.* — Geschwächter Vocal: *hailigen* (D. Pl.), *nivnen* (G. Pl.), *Magdalenen.*

a. 1291 (S. 306). Voller Vocal: *obenan, missehelli, gemachot.* — Geschwächter Vocal: *der vorbescheidenen dingen, Brigen* (zweimal), *wochen* (S.).

a. 1292 (S. 314). Voller Vocal: *thohtera* (zweimal), *bidingon, erbon* (D. Pl.; zweimal), *ganzsvn* (S. F.). — Geschwächter Vocal: *machen, selben, elichen* (beides N. Pl. F.).

a. 1295 (S. 322). *missehelli,* sonst nur e (darunter *gehorsame;* 8 e für o, 10 e für u).

Urkunden des Klosters Bebenhausen (Zeitschrift für Geschichte des Oberrheins):

a. 1291 (Bd. 14,197). *Margretun.*

a. 1292 (14,213). *Wilan* (D. Pl.); ausserdem 3 -en = -ôn und 9 -en = -ûn.

a. 1293 (14,339). *vertegon, kilchun.* — Dazu 7 -en = ôn.

a. 1296 (14,381). Voller Vocal: *bruoderon* (D. Pl.) *der vorgenanto ahseg pfunde* (so!) *gedingot, der burgo* (so; = der Bürgen) *keiner, gevertegot, machvn, Ernstinvn, vastvn* (G. S.) — Geschwächter Vocal: *manen* (siebenmal); *selben, unsern* (A. Pl. N.).

a. 1297 (14,444). Voller Vocal: *wirtinnvn* (S.; zweimal). — Geschwächter Vocal: *wisen* (D. Pl.; zweimal), *vrowen* (zweimal).

a. 1297 (14,449). Voller Vocal: *lengi*. — Geschwächter Vocal: 14 e = -ô-, 4 e = -û-.
a. 1298 (14,456). Voller Vocal: *vertgan*, *vertigan*, *manat* (ermahnt), *haieligan* (D. Pl.), *Altunstaieg* (zweimal), *wochun*.
a. 1301 (15,121). Voller Vocal: *nach osteran*, *edelvn frouwn*, *wochwn* (zweimal), *frown der jungervn*. — Geschwächter Vocal: achtmal -e- = -ô-, einmal -en = -ûn.
a. 1307 (15,365). Voller Vocal: *gewaltsaemi*, *vraeueli*, *hantvesti* (zweimal), *leitan* (legten), *gedienat*, *clagton*, *vertigon* (zweimal), *hettan* (hatten), *frowun* (viermal), *kilchun*, *genantun* (S. F.), *selbun* (S. F.), *errun* (S. F.), *jungerun* (S. F.), *Petronellun*. — Geschwächter Vocal: sechsmal -e- = -ô-, sechsmal -e- = -û-.

Ulmisches Urkundenbuch, Bd. I:
a. 1270 (oder 1271, oder 1272 vor Juli, S. 132). Geschwächter Vocal: *ledegen*, *Claren*, *nehsten* (S. F.).
a. 1272 (S. 143). Voller Vocal: *Haldun*.
a. 1281 (S. 165). Voller Vocal: *Judun* (G. Pl.), *vervestinun* (Inf.), *Gutun*, *Clarun*.
a. 1282 (S. 171). Geschwächter Vocal: *Claren*, *chirchen*.
a. 1294 (S. 214). Geschwächter Vocal: *vrowen* (D. Pl.) *herren* (G. Pl.), *Claren*.
a. 1295 (S. 216). Voller Vocal: *manun* (zweimal), *burgun* (D. Pl.). — Geschwächter Vocal: *vrowen* (D. Pl.), *Claren*.
a. 1296 (S. 220). Voller Vocal: *giordenut*, *gidingut*, *Clarun*, *Margretun*. — Geschwächter Vocal: *gedinget*, *kirchen* (S), *frowen* (siebenmal, = *frowun* und *frowon*).
a. 1298 (S. 250). Voller Vocal: *herrun* (G. Pl.), *hetun* (viermal), *Wengun* (G. S.), *meisterinun* (D. S.), *sunnuntage*. — Geschwächter Vocal: *frowen* (zweimal).
a. 1299 (S. 259). Voller Vocal: *allan den* (?), *bescheidnan* (D. Pl. sw). — Geschwächter Vocal: *erben* (G. Pl.), *manen* (Inf.; zweimal), *gevertegen*, *der vorgenanten burgen, derstaten* (erstatten), *burgen* (G. Pl.), *horten*.
a. 1307 (S. 291). Voller Vocal: *ich urkundun*. — Geschwächter Vocal: *dannen*, *selben* (D. Pl.), *erben* (G. Pl.), *zwelfboten* (G. Pl.), *Guten* (G. S.), *kirchen* (S.).

Codex diplomaticus Salemitanus, Bd. II:
a. 1275 (S. 76). Voller Vocal: *gegenwiurti*, *vorderon* (D. Pl., zweimal). — Geschwächter Vocal: *vorgnanten* (D. Pl.).
a. 1282 (S. 262). Voller Vocal: *gagenwurti*, *horton* (zweimal), *enigun*. — Geschwächter Vocal: *erbaeren* (G. Pl.), *herren* (G. Pl.).
a. 1290 (S. 370). Voller Vokal: *wison* (D. Pl.), *hettunt*, *gelobtun*, *veso* (G. Pl. F.), *grozzo* (G. Pl.

sw. Masc.), *Muron, truwon* (D. Pl.), *heton.* — Geschwächter Vocal: *genanten* (D. Pl.), *besten* (D. Pl.; zweimal), *herren* (D. Pl.; zweimal).

a. 1290. (S. 400). Voller Vocal: *hatton* (zweimal), *irwalton, sturon* (G. Pl.), *erbon* (D. Pl.), *hanchton.* — Geschwächter Vocal: *gelerten* (D. Pl.), *rumden, horten, wochen, vronfasten,* (S.), *vrowen Myen* (zweimal).

a. 1294 (S. 454). Voller Vocal: *ungenossami, herton* (gehörten); *studon, bomon, bongarton, wegon* (D. Pl.), *erbon* (achtmal), *gewibot, gemannot, liuton* (G. Pl.), schaffon, *truwon* (D. Pl.), *irmanot, burgon* (G. Pl.), *hantvestinon* (D. Pl.), *irmanot, Druhsaezon* (G. Pl.), *der vorgenanton burgon, vrowan* (N. Pl.; zweimal), *kilchun* (sechsmal). — Geschwächter Vocal: *nachkomenne* (D. Pl.; viermal), *vorgenanten* (D. Pl., G. Pl.; dreimal), *triuwen* (D. Pl.; zweimal), *botten* (D. Pl.).

Urkundenbuch der Abtei St. Gallen, Bd. III:

a. 1275 (S. 199). Voller Vocal: *dannan, gewarsami, chuchi, swestron* (D. Pl.), *volendonne, swestran* (N. Pl.), *selbun* (S. F.), *Fidun.* — Geschwächter Vocal: *selben* (D. Pl.), *gemant.*

a. 1275. (S. 200). Voller Vocal: *dannan, swestron* (G. Pl.; dreimal), *tihtote, Lanchwattun, Gutun, priolinun.* — Geschwächter Vocal: (*hantveste, gegenwurte*) *Guten, priolinen.*

a. 1277 (S. 208). Voller Vocal: *wannan, geloubsami, liebi, muli, gewaltsami, getaidingot, Agnesun, Sitrundorf.* — Geschwächter Vocal: (*hantveste*, mehrmals) *gnaden* (D. Pl.; zweimal), *triuwen* (D. Pl.), *Agnesen, selben* (F. S.).

a. 1287 (S. 249). Voller Vocal: *ehafti, ginanton* (G. Pl.), *herron* (G. Pl.; dreimal), *heiligon* D. Pl.; zweimal), *hertzogon* (G. Pl.), *herron* (D. Pl.), *gimachot.* — Geschwächter Vocal: *hertzogen* (G. Pl.), *minnen* (D. Pl.; zweimal), *sachen* (D. Pl.), *ginanten* (S. F.), *frouwen* (S.).

a. 1291 (S. 270). Voller Vocal: *dannan, obenendi, hantvestinon* (D. Pl), *ungesamenot.* — Geschwächter Vocal: *liebe,* (*hantveste*), *tiursten* (G. Pl.) *gemachet, gevestent, erben* (G. Pl.), *triuven* (D. Pl.).

a. 1294 (S. 281). Voller Vocal: *hantvesti* (fünfmal), *geloubsami, hailigon* (D. Pl.), *rehtun* (S. F.). — Geschwächter Vocal: *triuven* (zweimal), *nachkomen* (dreimal), *niuwen* (S. F.), *stunden* (D. Pl.), *eren* (D. Pl.).

a. 1294 (S. 281). Voller Vocal: *erbon* (D. Pl.; zweimal), *hetton* (zweimal), *wisan* (A. Pl.; zweimal).

a. 1307 (S. 350). Voller Vocal: *selbon* (D. u. G. Pl.). — Geschwächter Vocal: *ginaden* (D. Pl.), *kernen* (G. Pl.), *erbären* (D. Pl.), *kilchen* (zweimal), *vierden* (S. F.), *geschribenen* (S. F.).

Pupikofer, Geschichte des Thurgaus. Bd. I. Erste Beilage.

a. 1276 (Beil. S. 22.) Voller Vocal: *geginwerti, vorderon* (G. Pl.), *heiligon* (D. Pl.), *hatton* (zweimal), *der merun stubun* (S.). — Geschwächter Vocal: *triuwen, gevestinet, der ewigen vroden, genenten* (A. S. F.).

a. 1282 (S. 24). Voller Vocal: *dannan* (zweimal), *iersami, erbon* (D. Pl; zweimal), *verburgot, burgon* (dreimal D. Pl.; einmal N. Pl., nach Analogie von G. u. D.), *Chemenatun* (neunmal), *pfinchstwochun, jungerun* (S. F.) — Geschwächter Vocal: *wisen* (D. Pl.), *triuven, erben* (D. Pl.), *den hailijen* (zweimal), *gedinget* (Part.), *burgen* (G. Pl.), *wochen* (S.).

a. 1282 (S. 28). Voller Vocal: *verchumberan.* — Geschwächter Vocal: *den hailigen, gedinget, nachomen* (D. Pl.; dreimal), *triwen, ermanet, vrowen.*

a. 1285 (S. 31). Voller Vocal: *ehafti, hatton* (zweimal), *tailton, kilchun.* — Geschwächter Vocal: *andeswannen* (so), *iersame, triuwen, liuten* (G. Pl.), *gedinget, kilchen, vrowen.*

Der Geschichtsfreund. Mittheilungen des historischen Vereins der fünf Orte: Lucern, Uri, Schwyz, Unterwalden und Zug:

a. 1275 (III, 131). Voller Vocal: *massewandon, vrowon* (D. Pl.), *haton, vrowntal* (zweimal), *selbvn* (S. F.). — Geschwächter Vocal: *redelichen* (D. Pl. F.), *selben* (N. Pl. N.).

a. 1276 (V, 231). Voller Vocal: *lachvn* (S.), *Emmon.* — Geschwächter Vocal: *genanten* (G. Pl.), *horten, getanen* (G. Pl.).

a. 1282 (V, 159). Voller Vocal: *geverda* (A. Pl.), *innan, gaba* (N. Pl.), *steti, segegeni, hatton* (dreimal), *vrowon* (D. Pl. G. Pl.; fünfmal), *herron* (G. Pl. D. Pl.), *machon, leingeronne, gnadon* (G. Pl.; zweimal), *vorgenanton herros* (G. Pl.), *kilchvn* (dreimal), *Marion Magdalenvn* (zweimal), *selbvn* (S. F.; dreimal), *vrowun* (S.). — Geschwächter Vocal: *selben* (G. Pl.), *dingen* (G. Pl.), *dienin, volvertigen, genanten* (D. Pl.), *swestren* (N. Pl.), *vrowen* (N. Pl.; dreimal), *Nvwenkilch* (zweimal).

a. 1287 (II, 75). Voller Vocal: *chilchoeri* (zweimal), *herron* (G. Pl. D. Pl; dreimal), *Rotinon* (D. Pl.), *vorderon* (G. Pl.), *gotshusron* (G. Pl. zweimal), *schuldon* (D. Pl.). — Geschwächter Vocal: *dennen, vrowen* (= -on, sechsmal), *genanden* (zweimal), *chilchen, Nuwenchilch, Emmen.*

a. 1288 (IV, 279). Voller Vocal: *ungehorsami, gemeinsami, gehorsami, gegeni, swesteran* (G. Pl.; zweimal), *eron* (G. Pl.), *selon* (G. Pl.), *minron* (G. Pl.; dreimal), *gelobot* (dreimal), *swesteron* (G. Pl.), *selbun* (S. F.; zweimal). — Geschwächter Vocal: *selben* (A. Pl. F.); *offenlichen, argwanlichen, liplichen, geistlichen* (D. Pl.), *selben* (G. Pl.), *genanten* (G. Pl.).

a. 1290 (II, 166). Voller Vocal: *misshelli* (zweimal), *müli* (zweimal), *Lucerron* (öfters), *erbon, güsellon* (D. Pl.), *matton* (D. Pl.), *würzon* (D. Pl.), *Holzkilchon, Benedictum, Ilun*

Cigermanninun, Elsun, selbon (D. S. F.), *selbun* (D. S. F.). — Geschwächter Vocal: *hutten, kernen* (G. Pl.), *herren* (D. Pl.), *phenningen* (G. Pl.), *genanden* (G. Pl.), *erben* (G. Pl.), *der vorgenanden gedingen*.

a. 1291 (VI, 5). Voller Vocal: *hinnan, dannan, rittra, vesti* (zweimal), *dienon* (zweimal), *gemachot*.

a. 1297 (V, 170). Voller Vocal: *gewarsami, frowan* (G. u. D. Pl.; viermal), *offenon* (ich öffne), *selban* (G. Pl.), *vorgenandan* (G. Pl.). — Geschwächter Vocal: *swestere* (N. Pl.), *phenningen* (G. Pl.), *erben* (G. Pl.), *genanden* (G. Pl.), *horten, Nüwenkilch* (dreimal).

Urkundeubuch der Stadt Aarau:

[a. 1283 (S. 12) ist nicht rein aletmannisch, vgl. *goet, so, brengit, doen* = thun.]

a. 1292 (S. 15). Voller Vocal: *gesiusami, manot* (mahnt), *erbon* (D. Pl.), *der vorgenandon kindon, horton, Reberron* (G. S. F.), *Elsbeton*. — Geschwächter Vocal: *pfenningen* (G. Pl.), *gevertget, schuppossen*.

a. 1301 (S. 17). Voller Vocal: *misshelli, gesichsami, manont, schaffonne, vordront, fremdon* (G. Pl.), *geordnot, ersvigon* (dreimal), *besron* (Inf.), *eron* (D. Pl.), *ersvigot, frowon* (D. Pl.), *mannon* (G. Pl.), *tagon* (D. Pl.), *selbon* (D. S. F.). — Geschwächter Vocal: *geberden* (D. Pl.), *einungen* (G. Pl.), *ougen* (D. Pl.).

a. 1304 (S. 18). Voller Vocal: *muli* (zweimal), *clagton, frowon* (D. Pl.; zweimal), *erbon* (D. Pl.; dreimal), *iron* (D. Pl.), *vorgenandon* (G. Pl.), *bi der Aron, obron* (G. S. F.). — Geschwächter Vocal: *gesuchsame, frowen* (D. Pl. u. N. Pl.), *selben* (D. Pl. F.), *kernen* (G. Pl.; zweimal), *genanden* (D. Pl.), *dingen* (G. Pl.), *selben* (N. Pl. F.).

a. 1310 (S. 22). Voller Vocal: *eihaftigi, gesugsami, erbon* (D. Pl.; fünfmal), *vorgeschribnon* (G. Pl.). — Geschwächter Vocal: *bi guten minen truwen, dingen* (G. Pl.), *schupossen an der Lenmatten*.

a. 1311 (S. 23): zehnmal -en an Stelle von altem -ôn und -ûn.

a. 1313 (S. 24). Voller Vocal: *gesugsami* (zweimal), *gevertgot, ebtischinon* (G. S.). — Geschwächter Vocal: *kernen* (G. Pl.; dreimal), *vordren* (D. Pl.), *erben* (G. Pl. und Dat. Pl.), *der erwirdigen frowen Hedwigen, Claren*.

Fontes rerum bernensium, Bd. II:

a. 1251 (S. 339). Voller Vocal: *von Buorgendon* (zweimal), *von Luserron* (dreimal), *se den heiligon*. — Geschwächter Vocal: *se Phingesten*.

a. 1271 (S. 778). Voller Vocal: *eron und seildon ane, selbun* (S. F.). — Geschwächter Vocal: *erben* (D. Pl.), *heiligen* (D. Pl.), *jungen* (S. F.), *junchvrowen* (S.).

Urkunden für die Geschichte der Stadt Bern, Bd. II:

a. 1271 (S. 49). Voller Vocal: *vili*, *meni* (Menge); aber kein o, u in der grossen Urkunde.

a. 1274 (S. 119). Voller Vocal: *vordrun* (postulare), *bessiron* (Verb.), *intanon* (entledigen). — Geschwächter Vocal: *triviven*, *vragtin* (Indic.), *inkivmbirn*.

a. 1275 (S. 177). Geschwächter Vocal: *betrachtet*, *der gleübigen mönschen*, *der erwirdigen geistlichen mannen*, *sachen* (G. Pl. u. D. Pl.)

a. 1277 u. 1278 (S. 220). Voller Vocal: *an der selbun stundun*, *selbun* (S. F.), *vastun* (G. S.).

a. 1295 (S. 426). Voller Vocal: *dannant* (zweimal), *ünan* (ihnen), *Ostron* (D.). — Geschwächter Vocal: *dingen* (G. Pl.), *minnen* (S.), *sachen* (A.), *nechsten* (G. S.).

Urkundenbuch der Landschaft Basel, Th. I.:

a. 1276 (S. 82). Voller Vocal: *kindon* (G. Pl.), *pheningon* (G. Pl., zweimal), *eigeron* (G. Pl.). — Geschwächter Vocal: *biderben liten* (Gen. Pl.), *Heinrichs Kelhalden*.

a. 1279 (S. 97). Geschwächter Vocal: *Hunnen* (Gen. Pl.), *hatten*, *der vorgenanten herren*, *horten*, *kilchen*.

a. 1280 (S. 98). Nur e.

a. 1284 (S. 110). Voller Vocal: *epthisinon*. — Geschwächter Vocal: *Margareten*.

a. 1284 (S. 111). Nur e.

a. 1288 (S. 121). Voller Vocal: *Itun* (Gen. Sgl. Fem.; zweimal), *Agetun*. — Sonst e.

a. 1293 (S. 131). *gewarsami*, sonst e (oft).

a. 1299 (S. 147). *gewarsami*, *vertigotten*, sonst e (oft).

Urkunden der Stadt Basel (dank dem liebenswürdigen Entgegenkommen von Herrn Staatsarchivar Dr. Rud. Wackernagel konnte ich die für das zukünftige Basler Urkundenbuch genommenen Abschriften benützen):

a. 1273 (Klingenthal Nr. 56). Voller Vocal: *hinnan*, *muli* (dreimal), *gewarsami*, *enrun* (G. S. F.), *anderun* (G. S. F.). — Geschwächter Vocal: *frowen* (dreimal).

a. 1275 (St. Clara Nr. 15). Voller Vocal: *Geppon* (G. S. F.). — Geschwächter Vocal: *liebe* (Subst.).

a. 1276 (St. Clara Nr. 16). Geschwächter Vocal: *reben* (G. Pl.), *erben* (D. Pl.), *Claren* (zweimal), *cappin* (N. Pl.), *vrowen* (A. Pl.) *von Westhalden*.

a. 1276 (Klingenthal Nr. 67). Voller Vocal: *erbon* (D. Pl.). — Geschwächter Vocal: *vrowen* (G. Pl.), *Chlingental; genanten* (G. S. F.).

a. 1278 (St. Clara Nr. 17). Voller Vocal: *selbun*. — Geschwächter Vocal: *kinden* (G. Pl.), *dingen* (G. Pl.), *Claren* (dreimal).

a. 1280 (St. Clara Nr. 19). Voller Vocal: *muli* (fünfmal), *ungeminrot, minrun* (G. S. F.), *niderun* (G. S. F.). — Geschwächter Vocal: *nachkomen* (D. Pl.), *den vorgenanten vrowen, schüren, vrowen* (= *frowun*, dreimal), *Claren* (viermal), *selben* (G. S. F.), *oberen* (G. S. F.), *minren* (G. S. F.; zweimal).

a. 1282 (Klingenthal Nr. 92). Voller Vocal: *hinan, geverda* (A. Pl.), *misschelli, muli* (fünfmal), *erirun* (G. S. F.), *Agetun*. — Geschwächter Vocal: *erben* (D. Pl.), *frowen* (G. S.).

a. 1283 (Klingenth. Nr. 96). Geschwächter Vocal: *frowen* (D. Pl.), *minren* (G. S. F.), *slifen* (D. S.), *vrowen* (= *vrowun*, dreimal).

a. 1283 (St. Clara Nr. 30). Voller Vocal: *breiti, segegeni, mulinan* (D. Pl.), *Claron*. — Geschwächter Vocal: *lenge, minren* (S. F.; zweimal), *vrowen* (= *vrowun*; zweimal), *flössen* (G. S.).

a. 1284 (Klingenth. Nr. 99). Voller Vocal: *ein muli bowen mit swein malon und mit einere renlun, verwandelot*. — Geschwächter Vocal: *fasten* (D. Pl.), *enren* (D. S. F.), *selben* (S. F.), *nidren* (S. F.; zweimal), *minren* (S. F.), *mittewchen*.

a. 1286 (St. Clara Nr. 55). Voller Vocal: *gewarsami, muli, Claron*. — Geschwächter Vocal: *erben* (D. Pl.), *vrowen, elichen wirtinen* (S.).

a. 1295 (St. Clara Nr. 53; Tausch zwischen dem Closter zu St. Claren und Kuno von Bergheim, Oberelsass). Voller Vocal: *matha* (die Matten; viermal), *ostron, der erberon vrowon der eptissinnon, Claron, minneron* (S. F.), *mathon* (S.; zweimal), *genanton* (S. F.). — Geschwächter Vocal: *genanten* (N. Pl. F.).

a. 1295, a. 1297, a. 1298 (St. Clara Nr. 56, 59, 61): *gewarsami, liebi*, sonst nur e.

Cartulaire de Mulhouse:

a. 1295 (S. 96). Voller Vocal: *liebi, gewarsami, Clarun*. — Geschwächter Vocal: *vnderdannen, kinden* (G. Pl.), *thütschen herrin* (G. Pl.), *vorgenanten* (D. Pl.), *Adelheiden, Annen*.

a. 1310 (S. 111). Voller Vocal: *mattun, vrown*. — Geschwächter Vocal: *messen* (D. Pl.), *vorginanten, erben* (D. Pl.).

a. 1318 (S. 123). Voller Vocal: *obenan, nidenan*. — Sonst e; darunter auch *misschelle*.

Urkundenbuch der Stadt Strassburg:

Altes -on und -un ist nicht mehr bewahrt, obwohl die Urkunden bis zum Jahr 1261 zurückgehen. Von Substantiven auf ursprüngliches i finden sich fast keine Belege: *misschelli* a. 1261 (I, 355), *misschelle* a. 1262 (I, 367), *gegenwarti* a. 1275 (III, 22; daneben in derselben Urkunde, die für auslautenden kurzen Vocal sonst nirgends i zeigt, zweimal *erbi*, ebenso S. 33, 43; 48, 2. — *vieri* 57, 14, *alli* 70, 26 etc. = *vieriu, alliu*). Dagegen ist -ân im 13. Jh. stets bewahrt: a. 1262 (I, 376) *hinnan, dannan*. a. 1263 (I, 389) *obenan*. (I, 399) *dannan*.

(I, 400) *dannan*. (I, 403) *hinnan*. *dannan* zweimal. a. 1264 (I, 428) *obenan*. (I, 430) *dannan*. (I, 434) *obenan*. (I, 435) *obenan*. a. 1265 (I, 445) *dannan, obenan*. (I, 448) *dannan* zweimal, *obenan*. a. 1269 (III, 6) *obenan*. a. 1271 (III, 4) *obenan*. a. 1275 (III, 23) *nidenan*. a. 1284 (III, 57) *nidenan*.

Ueberblickt man diese Belege, so zeigt sich, dass der ahd. Stand der Dinge nicht bei allen Vocalen in gleicher Weise erhalten ist. â und î sind so gut wie ausnahmslos als a und i geblieben. Von den Belegen für -en aus -ân gehören zwei den älteren Publicationen von Schreiber und Pupikofer an, der Beleg aus dem letzteren zeigt ohnedies einen Fehler (*andeswannen*); das Beispiel von 1287 aus dem Geschichtsfreund Bd. 2, S. 75 ist dadurch verdächtig, dass auch die Stammsilbe e zeigt (*dennen*), während die sonstigen Belege a aufweisen. Ein Mühlhauser Beispiel gehört dem Jahre 1295, ein Ulmer dem Jahre 1307 an. Die wenigen Belege für e aus î müssen, wenigstens soweit sie der Schweiz angehören — für das Elsass ist bei der geringen Zahl der hierher fallenden Belege überhaupt kein Urtheil möglich — ungenaue Schreibungen sein, denn, soweit wenigstens meine Kunde reicht, weisen die schweizerischen Dialekte noch heute in den in Frage kommenden Substantiven das i auf.

Für ahd. -ô und -û zeigen nur wenige Urkunden lediglich die vollen Vocale; fast überall tritt daneben auch das jüngere e auf. Und zwar ist die Westschweiz der Ostschweiz und den Urkantonen in der Entwicklung etwas voraus; das Unterelsass besitzt überhaupt keine o und u mehr.

Wie ist nun das Nebeneinander des älteren und des jüngeren Vocals und das — von kleinen Schwankungen abgesehen — immer stärkere Anwachsen des letzteren in unsern Beobachtungsreihen zu beurtheilen? Man könnte darin das Schwanken der Bezeichnung erkennen, das lautliche Uebergangszustände zu begleiten pflegt; es könnte ein Mittellaut zwischen e und o, e und u bald die Bezeichnung mit e, bald die mit o, u hervorgerufen haben. Je näher der Laut dem e gekommen wäre, desto häufiger wäre auch diese Schreibung geworden. Diese Auffassung ist indess aus mehreren Gründen unzulässig. Erstens. Es ist kaum möglich, sich Zwischenlaute zwischen unbetontem en und on, en und un zu denken, die dem -en sehr nahestanden und doch noch unter sich so verschieden waren, dass die Bezeichnungen -on und -un unverwechselt blieben, wie das der Thatbestand in so vielen Urkunden ist. Zweitens. In zahlreichen Urkunden erscheint etwa ein einziges -un oder -on neben vielen -en. Nach der von uns verworfenen Auffassung müsste hier der Zusammenfall fast völlig eingetreten sein. Wo wir aber constatieren können, dass zwei ursprünglich getrennte Laute ganz oder nahezu zusammengefallen sind, da sehen wir, dass die beiden ursprünglichen Zeichen nun auch für die aus beiden Quellen hervorgegangenen

Laute verwendet werden. So wird die niederdeutsche Media d auch dh geschrieben, nachdem die Spirans dh zur Media d geworden. Ebenso erscheint für i die Bezeichnung ie, wo der alte Diphthong zum einfachen Vocal geworden. Nun kommt aber eine Verwendung von -on und -un für ursprünglich kurze Endsilben in den von uns geprüften Urkunden so gut wie gar nicht vor, abgesehen von den oben erwähnten Strassburger Beispielen. Drittens spricht es gegen die grammatische Wahrscheinlichkeit, dass zwar -ôn und -ûn sich dem -en genähert hätten, aber -ân völlig unberührt geblieben wäre. Viertens. Wäre durch das Schwanken der Bezeichnung ein Zwischenlaut angedeutet, so müsste das Verhältniss zwischen dem alten und dem neuen Zeichen in verschiedenen Wörtern dasselbe sein. Dies ist aber keineswegs der Fall. Ich mache besonders auf eine Ungleichheit aufmerksam: das Adjectiv zeigt weniger volle Vocale als das Substantiv.

Es bleibt somit nur die Annahme, dass wir es mit wirklichen Doppelformen zu thun haben: in den einen wurde wirklich e, in den andern wirklich o bezw. u gesprochen. Diese Doppelformen könnten rein lautlich entstanden sein, d. h. unter gewissen Accentverhältnissen könnte der Vocal sich geschwächt, unter gewissen anderen seine vollere Gestalt bewahrt haben. Diese Erklärung wäre an sich möglich, wenn in den frühsten und spätesten Urkunden das Verhältniss zwischen alter und neuer Bezeichnung das gleiche wäre; immerhin würde auch dann unser dritter Grund Bedenken erregen. Thatsächlich nimmt aber ja die neue Bezeichnung immer mehr zu; es müsste die unter bestimmten Accentverhältnissen eintretende Schwächung sich vor unsern Augen vollziehen, und so bleiben unsere beiden ersten Gründe auch gegen diese Auffassung in Kraft.

Wir werden somit zu der Annahme gezwungen, dass die einen der Doppelformen — natürlich die mit den vollen Vocalen — die rein lautliche Entwickelung darstellen, dass dagegen die jüngeren Formen der Analogiewirkung ihre Entstehung verdanken. Damit stimmt vortrefflich die Wahrnehmung, dass gerade bei den Adjectiven die jüngeren Formen am frühsten auftreten; denn es lässt sich auch sonst beobachten, dass Analogiebildungen in den Endungen des Adjectivs früher eintreten, als in denjenigen des Substantivs (vgl. meine Ausführungen über die entsprechenden Verhältnisse im Heliand Germania Bd. XXXI, 387).

Ob dann später die Endungen, die sich bis dahin der Analogiewirkung entzogen hatten, auch noch eine lautliche Schwächung zu e erfuhren, bleibe für jetzt dahingestellt. So viel ist allerdings sicher, dass die Qualität der alten Vocale schon im 13. Jahrh. nicht rein bewahrt blieb. Altes -ô- erscheint häufig als -u; ziemlich selten wird altes -ûn durch -on reflectirt; -ôn und -ûn erscheinen mehrfach als -an; nur in zwei Freiburger Urkunden wird -ân einige Male durch -on wiedergegeben.

Welcher Zustand lässt sich nun für das Alemannische der classischen Zeit erschliessen, also rund für die Zeit um 1200? Jedenfalls waren â und î auf dem ganzen Gebiete bewahrt. Was ô und û betrifft, so lässt sich für das untere Elsass nicht erschliessen, ob überhaupt noch die alten Vocale in umfassenderem Masse erhalten waren. Für das übrige Gebiet steht dies letztere durchaus sicher. Die Möglichkeit allerdings muss zugegeben werden, dass schon einzelne der jüngeren Formen bestanden. Besonders mit Bezug auf die Westschweiz wird dies nicht geleugnet werden können, denn ihr gehört doch wohl die Urkunde von 1238/39 an (Fontes rerum Bernensium II, 182, Wackernagel Lesebuch.³, Sp. 789), die neben einer überwiegenden Zahl von alten Formen doch auch schon solche wie *frowen, horten, chilchen* darbietet. Für den übrigen grösseren Theil des Gebietes dagegen ergibt sich eine sehr geringe Wahrscheinlichkeit, dass schon die jüngern Formen galten, wenn man sieht, in wie entschiedener Minderzahl dieselben noch sechzig, siebzig Jahre später auftreten. Und nun steht der Vergleichung mit der Sprache der Dichter nichts mehr im Wege. Es sind allerdings nur sehr wenige aus der classischen Zeit, von denen sich mit Bestimmtheit behaupten lässt, dass sie unserem Sprachgebiet angehören: die Schwaben Meinloh von Sevelingen und Heinrich von Rucke, die Schweizer Ulrich von Zazikoven und Rudolf von Ems, der Elsässer Gotfried von Strassburg. Kaum darf Rudolf von Neuenburg genannt werden, denn die Urkunden Neuenburgs sind französisch. Die Anhaltspunkte für die Heimath Hartmanns von Aue sind zu unsicher, als dass er in Betracht kommen könnte.

Diese Dichter also, sie zeigen im Reime durchaus Formen auf, die mit ihrem heimischen alemannischen Dialekt im Widerspruch stehen. Vor allem die entscheidenden *hinnen, dannen, wannen* statt *hinnan, dannan, wannan* und als Substantive zu den Eigenschaftsadjectiven solche auf -e, nicht auf -i: vgl. Ulrich von Zazikoven: *beginnen: hinnen* V. 21, *hinnen: versinnen* 715, *minnen: hinnen* 965, 4339, 4377, *wannen: mannen* 1669, *dannen: mannen* 4637, 4729; Gotfrid von Strassburg: *gewinnen: hinnen* 367, 6971, 7133, *beginnen: hinnen* 2365, *hinnen: minnen* 6407, 6829, *mannen: dannen* 4200, 5299, 7367. — Heinrich von Rucke: *waere: swaere* MSF 111, 2, *behüete: güete* 111, 8; Ulrich: *verhenge: lenge* V. 49, *demüete: güete* 73, *geste: veste* 162, 764, *veste: beste* 1345, *wite: nite* 1424, *gemüete: güete* 1795 [Gotfrid: *swaere: senedaere* 861, *waere: swaere* 917, 933, 977, 1161, 1517, 1597, 1677, 1765, 1835, 1949, *gemüete: güete* 1363]; Rudolf von Ems, Barlam und Josaphat: *gemüete: güete* 8, 20; 28, 17; 41, 29; *unlenge: enge* 11, 31; *blüete: güete* 12, 29; 20, 5; 20, 19; *swaere: wandelbaere* 16, 21; *waere: swaere* 17, 13; 30, 23; 35, 33.

Ebenso lässt sich eine Fülle von Reimen beibringen, die durch Einführung der alemannischen o und u unrein werden würden: Meinloh von Sevelingen: *varn: bewarn* MSF 12, 2; Ulrich: *kemenäten: beräten* 89, *wochen: besprochen* 99, *funden: wunden* 123, *striten: siten* 141, *swerten: gerten* 187, *siden: vermiden* 201, *minnen: gewinnen* 271, *vrouwen: schouwen* 303, 539, 798, *bewarn: varn* 325, *goltschellen: snellen* 363, *werden: erden* 385, *ougen: lougen* 431, *ersehen: spehen* 475, *gesinnent: minnent* 517, *unkunden: stunden* 611, *siden: niden* 647, *wundert: hundert* 643, *verhouwen: frouwen* 655, *unmâzen: lâsen* 1699 etc.

Gotfrid kann hier nach dem über die Strassburger Urkunden Gesagten nicht in Betracht kommen; Rudolf von Ems, als etwas jüngerer Dichter, ist schon nicht mehr so beweiskräftig wie Ulrich von Zazikoven.

Nun könnte man, was die -on und -un betrifft, auch für diesen letzteren einen Einwand erheben. Es ist zwar äusserst unwahrscheinlich, aber doch nicht ganz ausgeschlossen, dass schon die Mundart Ulrichs vereinzelte jüngere -en gekannt hätte. Diese vereinzelten Formen könnten uns dann in den eben aufgeführten Reimen vorliegen. Immerhin müssten dann solche Reime bei Ulrich viel seltener auftreten, als bei Dichtern, die nur -en in den Endsilben kennen. Ob dem so sei, lässt sich leicht feststellen. In den ersten 4000 Versen von Ulrichs Lanzelot begegnen 217 klingende Reimpaare auf -en; von diesen würden bei Einführung der ahd. ô und û 54 Paare, also 24,9 %, unrein sein. In Wirnts Wigalois kommen auf die 201 dergleichen Reimpaare, die auf Sp. 1—52 stehen, 49 Paare, also 24,3 %, die unter den angeführten Bedingungen unrein wären. Der Tristan des Heinrich von Freiberg enthält in seinen 6890 Versen 253 solche Reimpaare, von denen sich 83, also 32,6 %, zu unreinen gestalten würden. Es kann sonach von einem Unterschied, der sich auf die Verschiedenheit der Endsilben zurückführen liesse, keine Rede sein.

Schliesslich können wir eine Art von Gegenprobe auf die Richtigkeit unserer Beweisführung machen. Ulrich Boner, der Berner Dichter aus dem 14. Jahrhundert, steht schwerlich in dem Verdachte, dem Ideal einer mittelhochdeutschen Schriftsprache nachgetrachtet zu haben, so wenig als man von tadelloser Reinheit seiner Reime sprechen kann: bei diesem erscheint nirgends ein *dannen*, *hinnen* oder eines jener Eigenschaftssubstantive im Reime, offenbar eben deshalb, weil er *dannan*, *hinnan*, *güeti*, *schoeni* sprach und es seiner Mundart an Reimbindungen dafür gebrach. Allerdings ist die Zahl seiner klingenden Reime überhaupt nicht sehr gross; immerhin beträgt sie etwa 150 Paare, und z. B. die elf Belege von Rudolf von Ems für die im Reime stehenden Eigenschaftssubstantive vertheilen sich auf 163 Paare klingender Reime.

Es wird also doch bei der Annahme einer mittelhochdeutschen Schriftsprache sein Bewenden haben müssen.